中非减贫与发展五届会议

综述报告（上）

中国国际扶贫中心

世界知识出版社

目 录

中非减贫与发展会议综述报告简介

第一节　中非减贫与发展会议的背景

伴随着中国与非洲在经济贸易领域交流的深化和拓展，双方对减贫与社会发展领域交流合作的需求也进一步加强，尤其是非洲国家表现出了日益强烈的学习中国减贫、发展经验的愿望。为此，自2010年开始，中国国际扶贫中心与联合国开发计划署启动了“中非减贫与发展会议”这一减贫领域高层交流活动。目前已连续举办了五届，举办地在中国和非洲国家间轮换。

从第一届交流中非减贫经验到第五届交流中非工业化的发展经验，中非减贫与发展会议涵盖了农业发展与减贫、基础设施建设与减贫、经济特区与减贫、中小企业发展与减贫等一系列议题。而在这些领域，中国与非洲国家过去、现在以及未来既积累了经验，也面临着问题和挑战。自2010年以来，先后共有约1000位代表参加过中非减贫与发展会议，其中不乏非洲国家首脑，中国与非洲高级别政府官员、专家学者、企业代表、公民社会代表，以及国际和区域组织代表。

中非减贫与发展会议机制化以来，已经成为中非减贫与发展领域的重要对话平台，系统地交流了中国减贫的成功经验和教训，全面讨论了非洲国家发展与减贫中面临的问题和挑战，深化了中非之间在减贫发展领域的交流，为进一步合作打下了基础，同时也对中非关系步入新的阶段做出了独特的贡献。因此，会议一方面受到非洲国家的高度赞赏，另一方面也得到了中国政府的大力支持。2014年5月，中国国务院总理李克强访问非盟期间，《中国与非盟加强中非减贫合作纲要》发布，将中非减贫与发展会议列为中非合作一项重要的活动。

会议基于中国减贫与发展的基本经验，立足非洲国家发展与减贫中的实际问题，着眼于通过坦诚的交流对话促进中非在减贫与发展领域的有效合作。在前五届成功举办的基础上，该会议已经成为非洲国家交流学习中国发展经验以及宣传中国软实力的重要平台。此外，不仅有来自中国和非洲国家的代表积极参会，中国国际扶贫中心还与联合国开发计划署合作，积极吸收国际和区域发展机构参会，将中国的减贫和发展经验有效地传播到国际发展机构，为传播中国发展经验发挥了积极的作用。

中国发展取得的成绩举世公认，其中减贫是这个经验的核心。习近平主席多次强调过减贫发展作为中国的软实力在国际合作特别是与发展中国家合作的重要意义。2015年是千年发展目标的到期年，也是联合国新的全球发展目标的元年。2015年9月召开的联合国发展峰会上，各国通过了以减贫为首要目标的2030年可持续发展议程。今天的中国与15年前联合国千年发展目标刚通过时已经完全不同。中国政府将会以不同于以往的方式承诺对国际发展的责任。减贫依然是未来全球发展的首要目标。而非洲依然是发展资源的主要集中地。非洲的减贫和发展不仅对非洲人民，对于中国的发展都具有重要的战略意义。中国政府已经在联合国发展峰会上做出自己的庄严承诺。在2015年年底举行的中非合作论坛成为落实这一承诺的第一次重要会议。而中非减贫与发展会议，已正式纳入中非合作论坛框架，成为减贫发展分论坛，该会将成为落实中国在全球减贫发展领域承诺的重要会议。

第二节　五届中非减贫与发展会议的概况

据统计，五届会议共邀请近1000人与会，历届情况如下：

一、"第一届中非减贫与发展会议"概况

第一届"中非减贫与发展会议"于2010年11月1–3日在埃塞俄比亚的斯亚贝巴召开。活动由中国国际扶贫中心、联合国开发署与埃塞俄比亚政府共同主办。来自非洲大陆、中国、国际组织以及私营部门的决策者、实践者、学术界精英等250多名代表出席了大会。国务院研究室农村司司长叶兴庆、国务院发展研究中心李善同研究员以及中国国际扶贫中心副主任黄承伟、中国国际扶贫中心高级顾问及中国农业大学教授李小云等24名中国代表出席本次会议，并考察了埃塞俄比亚的发展项目。会议是首届举办，旨在加深非洲国家对中国等新兴经济体的减贫发展经验的理解，对非洲引人注目的新扶贫战略展开政策研讨，帮助非洲探索和制定减贫的新思路，并促进南南对话和在农业、社会保障以及公私部门关系等重要政策议题上的合作。

二、"第二届中非减贫与发展会议"概况

第二届中非会议名为"中非减贫与发展研讨会——中国经济特区发展与减贫"，于2012年1月7–13日在广东省深圳市举办。会议由中国国际扶贫中心和联合国开发计划署（UNDP）联合主办，深圳大学中国经济特区中心承办，深圳市对口扶持办公室支持。来自中国和非洲政府部门、

科研机构、私营部门的决策者、研究者和实践者以及联合国开发计划署（UNDP）的代表等50余人出席了研讨会，并考察了特区企业。会议着重研讨了经济特区发展这一特殊的减贫途径，加深了参会代表对中国减贫和发展经验的理解，探究了非洲国家如何借鉴中国经济特区发展的经验教训，加速其经济社会发展、减贫以及千年发展目标进程。

三、第三届“中非减贫与发展会议”概况

第三届主题为“农业现代化与减贫”的中非减贫与发展会议，于2012年7月28日在坦桑尼亚达累斯萨拉姆举行。本届会议由中国国际扶贫中心和坦桑尼亚总统府计划委员会主办、中非农业投资有限责任公司和中国农业大学承办，得到了联合国开发计划署、世界银行与英国国际发展部的支持。来自中国和非洲的政府官员、学者、企业、公民社会组织及多双边发展机构的120余名代表出席了会议。其中包括来自坦桑尼亚、塞拉利昂、加纳、肯尼亚、厄立特里亚、毛里求斯、乌干达和毛里塔尼亚等8个国家的20余名部长级代表及非盟农村经济和农业专员、东南非等非洲地区组织的高级代表。从出席情况看，该届会议规格高、规模大、代表性强。会议旨在分享中非农业发展经验，并探讨如何通过农业现代化以及发展合作促进减贫。会议分析了中国及非洲农业发展政策，并重点讨论了农业基础设施

建设、农业技术研究推广、农业产业链及农民的组织化在推动农业现代化中的作用，与会代表发言积极，讨论热烈。会后，国务院扶贫办范小建主任率中国代表团出席了中国国际扶贫中心坦桑尼亚莫罗戈罗省佩雅佩雅村村级减贫学习中心的揭幕仪式。

四、第四届“中非减贫与发展会议”概况

2013年7月8—12日，中国国际扶贫中心与联合国开发计划署联合主办、浙江省扶贫办与浙江大学承办的第四届主题为“促进就业与可持续发展”的“中非减贫与发展会议”在浙江杭州成功举行。来自中国和非洲15个国家的政府、学界、企业及联合国开发计划署、世界银行等国际机构和新华社等新闻媒体的70余名代表，就会议主题进行了深入的研讨和实地考察。会上，70余位代表围绕劳动就业政策与实践、中小企业发展的关键问题、青年就业创业和产业政策等议题进行了深入的讨论，既达成了共识，又交流了经验，还探索了潜在的合作领域。

五、第五届“中非减贫与发展会议”概况

2014年11月18—20日，中国国际扶贫中心与非洲联盟、埃塞俄比亚工业部及联合国开发计划署于在位于埃塞俄比亚首都亚的斯亚贝巴的非盟中心联合主办了第五届主

题为“工业发展：非洲和中国的跨区域视角”的中非减贫与发展会议。200余名来自非洲和中国的政府官员、专家学者、企业家、非政府组织代表以及国际/区域组织代表就“工业发展：来自中国和非洲的跨区域视角”进行讨论，考察了埃塞俄比亚东方工业园，并参加了非洲工业化日相关活动。与会代表一致呼吁进一步加强中国与非洲国家的减贫交流与合作。会议还发布了由中国国际扶贫中心资助的《中国工业化综述：对非启示》的背景报告，在总结中国工业化推动因素及经验教训的同时，为非洲工业化提供借鉴。

第三节　报告内容

本报告对五届中非减贫与发展会议的主要成果进行了梳理和总结。本报告通过广泛收集相关会议文件，总结会议精神，分析发言资料，结合中非减贫与发展的实际进行分析，在借鉴过去发展经验的基础上，总结中非减贫与发展取得的成绩并分析其中的经验和教训，进而提出有关加强中非在减贫领域交流与合作的政策建议。

本报告的主体内容共分为五大章节：

第一章　2010年中非减贫与发展会议

第二章　2011年中非减贫与发展研讨会——经济特区发展与减贫

第三章　2012年中非减贫与发展会议——农业现代化与减贫

第四章　2013年中非减贫与发展会议——促进就业可持续发展

第五章　2014年中非减贫与发展会议——工业发展：非洲和中国的跨区域视角

每章的主体内容包括：会议目标及有关背景介绍、会议举办情况概要和会议主要发现及观点摘要三大部分。

第一章　2010 年中非减贫与发展会议

第一节　会议背景及主要目标

一、会议背景

作为借鉴其他发展中国家（尤其是像中国这样的新兴经济体）经济发展经验的一种方式，国际社会再次兴起对南南合作与对话的兴趣。联合国开发计划署（UNDP）以及联合国的其他组织在继续与传统的开发合作伙伴保持紧密的开发合作伙伴关系的同时，还不断地与新兴经济体结成战略合作伙伴。其目标是为了拓展开发合作前景，尤其是协助加速实现“千年发展目标”。中非减贫与发展会议分享中国的减贫经验，可以在日益增强的中非合作方面开辟一条有效的新途径。除了一些非洲国家制定的新兴双边合作框架外，在非洲联盟（AU）广泛领导与支持下发展的总体战略对话也进一步加强了此类合作。

中非减贫与发展会议旨在通过“在变革中求发展”的方式来削减贫穷，加速全面增长，并推动千年发展目标在非洲的进程。本次会议将主要讨论发展中国家的经验，尤其将侧重于讨论中国在30年内带领五亿多人摆脱贫困这一震惊全球的成就。几乎在过去30年改革历程的每一个阶段，中国都一贯采取独力自主的方针。在研究和学习国际经验的同时，中国并没有生搬硬套别人的模式和方法。中国的发展模式和相关政策是以其对现实状况的自身理解为基础，经内部酝酿而形成的。中国的发展是一个变革的过程，它涉及且需要的不仅是经济的不断变革，还有体制和社会的不断变革。中国的领导层（和执政精英们）一直致力于建立相关机制并投入大量精力，以促进并管理这一变革过程。中国的成功为其他发展中国家带来了启发。

会议将仔细思考中国经验在非洲国家中的相关性和适用性。中方和国际知名人士都将就此各抒己见，并审视中国发展获得的成功和面临的挑战。会议的核心是围绕非洲国家应从中国和其他主要新兴经济体的经验中吸取些什么，并如何应用这些经验。过去十年来，非洲的经济快速稳定增长，贫困率降低，同时非洲大陆的很多地区都已朝着实现千年发展目标而迈进。因此，此次会议也将为非洲各国提供一个分享自身经历及政策经验，并从中相互学习的平台。

二、主要目标

本次会议的目标是为非洲扶贫事业的突破性战略提供新的概念与方法。其主要目标如下：

1、对于非洲引人注目的新扶贫战略展开更丰富更广泛的政策研讨，并对非洲各国政府与组织以及其他开发机构正在从事的工作给予支持；

2、加深对中国减贫发展经验（以及其他南南合作经验）的理解并发起这些方面的讨论；

3、帮助非洲确立和制定减贫的新思路，包括对危机期间积累资产与保有财富的展望；

4、促进南南对话和在关键政策议题上的合作（包括农业、社会保障以及公私合作）。

第二节　会议举办概况

一、会议基本情况

中国国际扶贫中心、联合国开发计划署（以下简称UNDP）、埃塞俄比亚政府于2010年11月1—3日在埃塞俄比亚首都亚的斯亚贝巴共同主办了“中国—非洲减贫与发展会议”。此次会议为期三天，11月1—2日在联合国会议中心研讨，11月3日实地考察了中国在埃建设的东方工业园、Dugda花卉基地、埃塞俄比亚商品交易所。来自非洲国家和中国的政府部门、科研机构、私营部门的决策者、研究者、实践者以及有关国际组织的代表等250多人出席了本次大会。

主办各方对本次会议高度重视。UNDP署长海伦·克拉克、埃塞俄比亚总理梅莱斯、国务院扶贫办郑文凯副主任全程参加第一天上午的大会，分别作主旨发言并一起回答代表的提问。中方代表团由来自国务院研究室、国务院发展研究中心、国家发展与改革委员会、外交部、科技部、国家统计局、中国发展研究基金会、北京市农委、中国统战部光彩事业指导中心、中非发展基金、友成企业家扶贫基金会、中国农业大学、北京大学等部委、社团组织以及大学等机构的24名代表组成。有16名代表在会上发言。会议期间，海伦·克拉克署长和郑文凯副主任举行了双边会谈，并见证中国国际扶贫中心和UNDP中国代表处签署“建设中非之窗合作意向书”。

二、会议的主要成果

（一）会议进一步表明：中国成功的减贫经验与成就受到非洲国家的普遍、高度关注，开展减贫国际交流合作具有特殊作用。

中方代表团全面系统、真实客观地阐述了中国扶贫开发的经验和成就。诺贝尔经济学奖获得者詹姆斯·莫里斯教授以“中国模式能否帮助非洲”为题进行了主题演讲，指出中国优先发展农业，基础设施建设等经验值得非洲借鉴。联合国开发计划署非洲局特别顾问、前联合国常驻华协调员马和励系统地阐释了中国持续高速增长的原因。

与会代表对中国减贫经验和成就给予了高度评价，海伦·克拉克署长讲到“中国是世界减贫和转型经验的主要贡献者，非洲可从自己的发展中学习，也可从中国学习，达成共同的目标”。梅莱斯总理认为，这次会议最大的价值不仅仅是从中国学习经验教训，关键是打造了一个广泛深入探索减贫的平台。南南合作是推动全球减贫的一个重要手段。

（二）会议进一步展示：减贫与发展领域逐步成为与发展中国家加强对话的宽阔平台，围绕减贫开展的交流合作活动在中非减贫与发展领域产生了重要影响。

梅莱斯总理在发言中指出，中国国际扶贫中心成立与联合国开发计划署、埃塞俄比亚政府召开的这次会议意义重大，“要抛开教条主义，实现价值提升，以后要继续召开此类会议，作为一个重要的减贫交流合作的平台”。与会各方代表也表达了加强减贫与发展领域的对话有助于了解和学习中国的成功扶贫经验，并对中国国际扶贫中心组织的一系列交流活动表示了肯定和赞赏。

中国国际扶贫中心成立五年多来，在国务院扶贫办的直接领导下，在有关方面的大力支持下，开展了一系列减贫研究与成果分享活动：为91个国家的720人举办了28期减贫培训班，其中来自非洲42个国家的328人；通过“国际减贫与发展高层论坛”、“中国－东盟社会发展与减贫论坛”、“名人讲坛”、“高层对话会”等多种交流形式，促进了减贫与发展领域的交流；初步建立了减贫信息服务平台；与坦桑尼亚等国家政府开展了初步减贫合作。这些活动，有效促进了世界各国对中国减贫成就的认识，也初步奠定了中国国际扶贫中心在国际减贫交流合作领域的特殊地位与作用，为更充分发挥扶贫外交的特殊作用开了一个好头。

（三）会议进一步呈现：非洲国家对学习、借鉴中国减贫与发展经验的愿望迫切而强烈。

与会代表一致认为，中国的经验是不断借鉴发达国家和发展中国家的发展经验，根据本国国情不断进行制度和政策创新的一个过程。梅莱斯总理认为，“中国将经济增长与成功的减贫结合了起来，中国更加强调转变发展模式，确保最有效的减贫”。他还表明，“非洲愿意从中国学习减贫与发展经验，中国人做得好，我们希望汲取中国经验”。中国参会代表建议，“非洲大陆能够自己解决温饱问题，非洲农业将成为下一个崛起的力量，中国发展农业的经验非常值得借鉴”。埃塞俄比亚农业部长、非洲监察主席等代表也普遍认为，非洲需要学习中国的减贫经验。会上会下，我们都充分感受到非洲国家对学习借鉴中国经验的热切期待。

本次会议规模超大，代表层次很高。非洲开发行行长出席开幕式并致辞，埃塞俄比亚副总理兼外交部长、埃塞俄比亚财政和经济发展部常务部长以及南非国家计划部长等23个非洲国家的代表（其中部长级超过20名）出席会议。此外，经合组织发展援助委员会、美国、日本等援助国代表以及越南等新兴国家代表出席了会议。这些都表明了非洲国家对中国减贫与发展经验的关注和重视。与会代表对中国国际扶贫中心在促进全球减贫事业方面的平台作用给予了高度的评价。

（四）会议进一步增进了新了解，形成了新共识，为进一步推动中非国际减贫交流合作打下基础。

在海伦·克拉克署长与国务院扶贫办郑主凯副主任的见证下，中国国际扶贫中心与联合国开发计划署驻华代表处签署了“建设中非之窗意向书”。中非之窗旨在在中国开展对非援助的大格局下，整合非洲国家的减贫发展需求，充分利用中国国际扶贫中心的专家、知识资源、联合国开发计划署的网络及双方的资金资源，针对非洲国家开展相关培训、研究、交流及合作活动。这为进一步扩展合作打下了基础。应非方安排，中方代表团等考察了中国对埃塞俄比亚的援助项目“东方工业园”及埃塞俄比亚国家的民办Dugda花卉基地，农产品期货交易所等扶贫与发展项目。东方工业园是落实2006年中非合作论坛北京峰会精神，中国政府扩大对非援助，建立经济贸易合作区的成果。通过考察，代表团对埃塞俄比亚的发展有了新的认识，对于如何从知识、经验分享方面帮助非洲国家的发展有了新的理解，也增进了信心。

三、启示和建议

（一）以减贫领域为切入点，有助于拓展国际交流特别是开展“走出去”的多方位合作。

从本次会议看，一方面，非洲国家普遍对中国成功的减贫与发展成就高度认可，希望学习、借鉴中国经验；另一方面，个别非洲国家的代表对我国在非投资建厂没能与促进当地就业结合，与改善民生联系不够紧密等也提出了一些意见，希望中国对非援助更多惠及民生。从会议及以往的交流看，减贫是非洲国家高度关注的热点领域，涉及方方面面，可以覆盖许多领域，可以作为许多项目的载体。因此，以减贫领域为切入点，共识点多，对话容易。继续加强中非之间的减贫交流是进一步开展更广阔、更宽领域、更深层次合作的基础，有利于中非交流层次的提高，有利于我国成功减贫经验的分享和“走出去”战略的有效实施，有利于构建更加坚实的中非外交关系，有利于更充分的提升国际形象和地位。

（二）应努力争取在中非合作论坛框架内把减贫作为重要内容。

非洲大陆集中了全世界大部分发展中国家和贫困人口，历史上一直是我国最大的政治和经济战略伙伴。我国以后的发展在资源上和政治上都需要与非洲密切合作。从本次会议看，非洲国家对中国减贫经验高度关注，希望分享、借鉴的愿望有增无减。近年来，一方面，一些非洲国家希望与中国开展减贫合作项目的提议增多，另一方面一些国际多边、双边发展机构和国际非政府组织也纷纷表达与中国合作在非洲开展减贫领域合作的愿望。这主要是因为，尽管发达国家在非洲开展减贫援助时间很长，但许多工作停留在技术层面，非洲国家感觉与他们的实际需求有差距，因此，借助中国的减贫经验可以共同提高援助效果。

（三）注重培养造就相对稳定、素质较高的减贫国际交流、研究、合作人才队伍。

这次大会折射出国际社会对中国减贫与发展经验的空前需求。中国具有成功的减贫经验，但具有国际交流合作能力的国际专家却非常缺乏，我们在减贫经验的研究和人才队伍方面也十分薄弱。无论是从国内扶贫工作的需要，还是从推进减贫领域的国际交流合作看，培养造就一批既掌握中国经验，又理解非洲不同国家国情和需求的专业队伍非常必要和迫切。

近些年，北大、清华、农大等高校也希望和国际中心积极探索培育国际减贫专业的硕士、博士人才队伍以及依托中国国际扶贫中心成立中国国际减贫研究院的可行性。现在看来，这很有现实和战略意义。从更大范围、更高层次加强减贫研究、交流、合作人才及能力建设，为更充分发挥我国扶贫在国家外交、对外援助等方面的特殊作用提供人力保障和支撑。

第三节　会议主要发现及观点摘要

此次中非论坛主要是围绕以下5个议题展开讨论和发言:（1）发展与转变——在非洲实现高增长;（2）转变的经验——中国的减贫经验;（3）解决非洲大陆的温饱问题——非洲农业是否会成为下一个崛起的力量?（4）加强社会能力与社会凝聚力;（5）全球化背景下的新兴经济体以及新的发展合作伙伴关系。以下是针对每个不同的议题的发言内容:

一、发展与转变——在非洲实现高增长

1996年诺贝尔经济学奖得主James Mirrlees首先进行了题为“中国模式能否帮助非洲”的发言，他首先肯定了中国在减贫方面取得的成就，认为这主要得益于农业的发展而非工业。在中国农业种植没有土地租金，所有农业生产收入归农民所有。加之土地平均分配使得收益平均化、农业基础设施的不断完善、农产品价格不断上涨等原因，使得中国农业有了很大发展与提高。中国90%以上的贫困人口在农村，农业的发展使得大量的人口脱贫。通过对中国与亚洲其他国家的发展进行研究后，James Mirrlees强调减贫最有效的措施是发展农业，发展城市和工业虽然可以提高农村迁移劳动力的收入，但是对于贫困人口的减少的贡献不到20%，减贫效果不显著。

联合国开发计划署非洲局特别顾问马和励进行了题为“为何中国的增长既快速又持久?”的发言。他认为中国的发展并没有按照所谓的华盛顿共识制定的经济模式，也无法被传统的经济学模式解释，中国的发展主要得益于重视人力资本的积累、政府机构的改革以及社会凝聚力的建构。他强调中国的发展在很大程度上得益于中国是社会主义国家，政府在制定社会发展政策和执行发展政策具有优越性，例如“计划生育制度”的制定和实行就很好地控制了人口

的增长，促进了经济的发展。最后马和励总结到，中国探索本土的发展路径而不是照搬西方的发展理论；利用公共政策加强个人和机构能力来促进改革和发展；严格控制人口增长以增加人均收入；鼓励基层创新并把好的经验和作法在更大的范围内推广；领导和领导阶层长期致力于改革和发展，这些都保障了经济和改革的可持续发展，非常值得其他国家借鉴。

埃塞俄比亚商品交易所首席执行官Eleni Gabre-Madhin博士做了题为“非洲能叫作21世纪的国家么?”的发言，Gabre-Madhin博士提出促进非洲经济的发展必须从全球的发展中吸取经验教训，选取适合埃塞俄比亚具体国情的发展经验模式，促进公共部门和私人部门协作发展。想要解锁非洲的转型发展最关键的两个要素就是生产力和人。发展生产力需要以非洲绿色革命为基础，促进农业增长。发展人力资源，最关键就是百花齐放，激发人的创造潜能。她还分享了该国商品交易市场（ECX）的情况。该市场面向小规模生产者和商人，主要是实物交易而不是电子交易，提供从终端到终端的一体化服务。该市场2008—2010年的交易额达10亿美元，而且没有一笔坏账。该市场有450家会员，其中12%是农民组织，代表着240万农民。

二、转变的经验：中国减贫经验

中国发展研究基金会副秘书长汤敏作了题为“从中国减贫经验中我们可以学到什么?”的发言。根据中国官方贫困线，中国贫困人口从1978年的2500万人持续下降到2005年的250万人左右。这主要得益于中国实行的一系列改革措施：保持较高的经济增长率、提高农民收入、推进城市化和工业化发展，大力度的基础设施建设，实施政府主导的减贫项目（如整村推进、产业发展、设立村级扶贫滚动资金等），尤其是执行了改革开放政策（具体措施包括利用国际发展援助资金扶贫；建立经济特区和高新技术区；鼓励乡镇企业的发展；在项目管理中引进国际招标制度；实施了农户家庭联产承包责任制和中国实行财政分权等）。在总结中国发展经验的基础上，他指出了非洲国家发展的瓶颈。非洲国家对于基础设施的需求较大但是实际投入的资金很少，存在技术和资金两方面的限制因素。想要实现非洲的发展，必须要加大对非洲基础设施建设的投资力度，将基础设施的建设与外商直接投资和经济特区建设等相结合，制订综合投资计划，并选择一些国家作为试点。中国对非洲投资，将有利于减少中国过多的外汇储备、吸纳过剩的产能，学习更多的国际化经营经验，并满足非洲对基础设施的需求，促进非洲的就业和经济发展。

国务院发展研究中心发展战略和区域经济研究部部长李善同作了题为“中国基础设施的建设对于减贫的影响”的发言。他认为基础设施建设从宏观经济层面看是资产和公共产品再分配过程，能促进低技能的劳动力就业。基础设施主要包括交通、电信、电力三大方面，可以提高劳动力的生产率、降低劳动力流动的成本、增加非农劳动力就业的机会。其对减贫的直接影响包括提高贫困人口的就业和工资水平，间接影响包括扩大工业规模和提高产品的供给，从而提高贫困人口的收入和支出，达到减贫效果。同时，李善同利用经济模型分析了基础设施建设的减贫效益。分析结果显示，在交通部门和通讯部门投资增加10%，将会促进经济增长和农村劳动力的流动、增加农村人口福利、减少城乡人口之间的基尼系数。因此，加大对基础设施的投资，将直接刺激宏观经济的增长，并通过提供非农工作机会来提高贫困人口的经济收入。

三、一个粮食安全的大陆：非洲能成为未来的农业大洲吗?

中国农业大学人文与发展学院院长李小云教授作了题为“非洲粮食可以自给自足，也可以帮助全球——从一个中国人的视角”的发言，对非洲未来的农业发展进行了分析。李小云教授首先对中非农业发展的差距进行了比较。

按每天每人消费水平在1美元的标准衡量，非洲的贫困人口比例从1980年到目前均处于40%—50%之间，中国的贫困人口比例则从1980年的65%左右迅速减少到目前的10%左右，低于发展中国家贫困人口比例的均值。产生差异的原因在于中国农业增长依靠的是多领域增长的共同推动，而且每个领域的增长都起到了减贫的作用。水稻和小麦是把农业增长与减贫联系在一起的两个最重要农作物。但是坦桑经济的增长并没有带来农业的增长、重要农产品（比如小麦）产量的增长，以及就业的增长。单单在农作物的单产和农业投入（包括化肥、机械）方面，中国就远高于非洲。例如玉米，中国投入847.6美元/公顷，是赞比亚的58倍，坦桑的39倍。中国玉米产出6750公斤/公顷，是赞比亚的16倍，坦桑的12倍。中国在化肥使用量、收割机脱粒机使用量、灌溉面积占耕地总面积比例方面远高于非洲，其结果是中国农业增长远高于非洲。中非差距的存在并不代表非洲农业发展毫无希望，相反的是非洲拥有丰富的耕地面积，70%左右的农业劳动力，稳定的政策等，这些都可以促进生产和收入的增加，确保粮食安全。在非洲大多数国家中，农业占国内生产总值的25%以上，国内20%的企业为农业综合企业。农业具有很高的乘数效应，这意味着对农业的投资可以产生很高的经济效应和社会回报。李小云教授在发言最后讲到，非洲在发展农业的同时要充分准备好应对非洲农业转型的挑战，努力克服投资少、劳动生产率低、基础设施落后、农业科研经费不足、农业和其他部门之间缺乏联系等不利因素，争取创造非洲农业的新突破。

英国苏塞克斯大学发展研究院教授Michael Lipton进行了题为“非洲粮食生产与安全：撒哈拉以南非洲地区（SSA）”的发言，他首先指出了SSA农业发展中存在的问题。在实施绿色革命后，该地区农作物种植面积增加了17%，谷物单产量从0.8吨/公顷增加到1.5吨/公顷，但是人口增加了2.8倍，导致人均拥有的食物和农业产出不增反降，下降了1/4左右，粮食进口增加了约6倍。结果SSA营养不良率几乎没有改变，粮食生产危机加深。与此同时这些地区扩大农业种植面积赖以生存的土壤遭遇到破坏，约40%的农业用地每年的营养物流失量达到60吨，水资源也不断减少，阻碍了SSA经济的可持续增长。但是，在世界的另一端，亚洲绿色革命却成功地拉动了经济的增长。原因在于在亚洲绿色革命之前，部分地区的经济已经得到了快速增长，农业产值占GDP的比重和农业劳动力占总劳动力的比重已经开始下降。而且，亚洲小农场农作物单产增长较快，使得粮食生产增加，贫困减少。而在SSA，超过60%的劳动力和75%的贫困者主要依靠农业谋生，由于非洲不公平的土地政策使得农业产值的增加并没有减少贫困。

一个可以替代的发展方案是发展采矿业和制造业，然而在非洲这两个产业很少能有效减少贫困。通过农业发展来带动包容性发展的路径在非洲也走不通，这些都是值得深入研究的问题。

四、提高社会能力，维持社会凝聚力

世界银行发展研究组成员Michael Woolcock进行了题为“增强社会能力和保持社会凝聚力：经验适合每一个人，来自于每一个人”的发言。他首先指出强大的社会凝聚力可以促进经济的增长，增强国力，确立社会变革的合法性，主要体现在形成共同的意识形态、充满活力的组织机构、社会平等、良好的政府等方面。Michael Woolcock提出非洲想要促进社会凝聚力的发展，需要倡导包容性、增加就业机会、提高国家能力，对关键领域进行重点发展、培养创新精神，实时系统地学习新技术和新知识、增强援助的有效性、保证社会变革的合法性，实现有效的社会保障和社会正义。最后他对非洲建设高效政府和加强社会凝聚力方面提出建议，鼓励非洲向西方援助机构和中国学习，认清国情，选择适合自己国家的道路，因地制宜地执行法律法规，正视本国发展的历史，从中总结经验教训。同时，建立高效的政府，利用政府去推动经济发展。

联合国社会发展研究所所长（UNRISD）Sarah Cook进

行了题为“社会政策在中国发展中的角色”的发言。Sarah Cook介绍了中国改革开放之前和之后中国在社会保障、教育、就业、医疗、住房方面的社会政策，还详细介绍了中国在世界金融危机下推出的经济刺激计划的内容。Sarah Cook分析了不同历史阶段中国社会政策的演变情况。改革初期的政策主要是调动农民的积极性：分田到户、制订农产品国家收购最低保护价、从汲取农业补贴工业转变为允许农民保留剩余农产品并可以拿到市场上交易、实施五保户政策等。20世纪90年代社会的不安全感增强，这一时期国家取消了对农产品的收购和价格控制，乡镇企业和市场迅速发展，一些公共服务（比如教育和医疗）由市场解决，农民失去了安全感，承受了向市场经济转型的成本。进入21世纪，中国意识到需要加强政府在稳定和公平发展中的角色，因此加强了社会保障，取消了农业税，加大对教育、医疗和社会保障的投入。现在中国更加注重均衡和包容性发展，社会保障不断完善。最后Sarah Cook强调迅速的经济发展和社会转型会破坏传统的社会保障方式，而综合的社会政策可以有效减少贫困。随着经济的发展，劳动力和其他社会产品商品化，市场变得不那么容易嵌入社会关系。在这种背景下，只有国家能够提供有效的社会保障，从而保护市场机制的有效运转。

北京大学经济与人类发展研究中心主任刘民权进行了

题为“多维贫困和多维发展”的发言，通过引入“贫困测量”、“再加固反馈回路”、“不平等陷阱”和“市场失灵”这4个概念来阐释多维贫困和多维发展。他指出贫困的测量需要考虑人的健康情况、教育水平和收入水平，不能依靠单一的指标来衡量，需要多维测量。刘民权主任引入“再加固反馈回路”评价框架来解释健康和长寿本身不仅与个人的追求有关，与个人收入和教育水平也有密切关联。与此同时，他指出缺乏人力资本投资和积累会导致各种“不平等陷阱”和持续的社会经济差距，如在教育方面和健康方面的“市场失灵”，会影响到经济的持续发展。刘民权最后总结到，多维贫困中的“贫困”不仅与收入有关，还与健康和教育有关。贫困经常会出现“贫困陷阱”和“不平等陷阱”。所以多维贫困需要多维发展来解决。其中，社会部门（教育、医疗等）的发展是至关重要的一环。促进社会部门发展，可以确保国家经济发展的可持续性和包容性。

五、全球化背景下的新兴国家和新型发展伙伴关系

英国国际发展研究院研究员谷靖进行了题为“全球化环境下新发展伙伴关系”的发言。她指出在全球化背景下，全球政治、经济、文化、社会都紧密地联系在一起，发展政策的制定也需要在更多机构和更复杂的程序中完成。世

界正在改变，除了经济危机在全球的扩散以外，全球力量正在向发展中国家和新型经济体国家转移，这时需要全球共同捕捉世界新变化，用新的观念和实践去应对全球化的挑战。同时，全球化会制约经济的增长和社会的发展，主要体现在自然资源的缺乏和全球政治局势的动荡。国际发展合作的意义就在于可以共同携手解决某国发展中资源的短缺问题。非洲近年来与世界各国合作内容不断增加，合作伙伴不断扩大，促进了非洲国内生产力的发展、组织机构的完善和人力资本的积累，为非洲提供了更多的发展空间。同时，发展中国家对于非洲的援助也在不断增加，在2006年，非洲接受南方主要国家援助的总金额为27.7亿美元，其中，中国援助金额最多，达到23亿美元，占比83%；韩国、土耳其、阿拉伯国家、印度和巴西共援助4.7亿美元，占比17%。非洲今后的发展需要用更加积极的姿态去迎接与发展中国家的合作。

越南外交部代表团团长武宣充先生（Vu Xuan Truong）作了题为“基于越南经验的减贫和可持续发展”的发言。他讲到改革以前的越南非常贫困，人均GDP只有50~60美元，每年粮食进口150~200万吨。而现在的越南每年大米出口量达到500~600万吨，没有绝对的饥饿，贫困人口不断下降，三分之二的千年发展目标得以实现。越南减贫的战略主要是将经济发展和减贫作为经济和社会发展战略布局的两个重要方面，并提升到战略高度给以特别重视。2002年5月21日，总理亲自批示的“关于发展和消除饥饿、减贫整体战略”与联合国的千年发展目标相匹配。越南制定了专门的政策确保减贫和可持续发展，例如建立政策性银行，专门针对贫困人口提供低利率，简化贷款流程等一系列政策改革，使越南从全球最贫困的国家之一进步到中低收入的国家，国内粮食基本自足，粮食安全得以保障。贫困率从1990年的58%减少到2008年的14.5%，贫困人口以每年180万的速度减少。食品贫困率、儿童营养不良率都有大幅度减少。Vu Xuan Truong干事总结到越南取得成功的原因在于采取了适合本国国情的改革战略，合理有效地利用有限资源发展经济，改革得到全国上下的一致支持，推进民间组织发挥作用，确保中央和地方政策的高度一致等。非洲和越南尽管地理位置遥远，但却长期保持密切友好的关系，越南与非洲国家之间的经济合作贸易额在不断增加，同时越南公司在非洲7个国家中开展了13个项目，投资资金达7.75亿美元。越南对非洲派遣了有关农业、健康和教育的专家，越南十分愿意与非洲共同分享发展和减贫经验。

第二章　2011年中非减贫与发展研讨会

——经济特区发展与减贫

第一节 会议目标及有关背景介绍

一、会议背景

中国于20世纪80年代初期在广东省深圳市、珠海市、汕头市，福建省厦门市以及海南省设立了经济特区，对促进我国出口竞争力、投资以及引进先进科学技术和管理经验都产生了显著影响，通过综合性经济增长所带来的减贫效应也不可小视。经济特区是中国改革实验的重要形式，是一个边干边学的过程，也是中国渐进式改革不可或缺的一部分。同时，经济特区也是通过示范效应和有控制的经济试验来减少重大改革的阻力并建立社会对改革广泛认同的一种途径。

深圳特区获得的成功令人瞩目，中国其他一些地区也成功复制了这一经验。非洲撒哈拉以南地区的许多国家已开始学习和试验中国经济特区的产业园、综合性增长极和产业集群等发展战略。一些地区的新特区已经开始运行，而其他一些地区还处于计划和实施等不同阶段，但是这些地区在试验过程中都面临着一些共同的问题：例如经济特区的总体规划和运作需要明确的经济机理、模式和政策框架，如何制定经济特区的实体规划、土地管理以及保障措施，如何让经济特区的发展产生更大的减贫效应等。本次研讨会将为与会者提供一个面对面交流的机会，以讨论与经济特区发展和实施有关的政策、战略和技术问题以及富有竞争力的产业集群增长的问题，此外还将安排与会者到多个经济园区实地考察并听取现场介绍。

二、会议目标

本会议旨在探讨非洲国家在加速经济和社会发展、减贫以及推动千年发展目标的进程中能够从哪些方面借鉴中国的经济发展和投资政策经验。中国和非洲国家在政策、体制、公私合作和技术问题等方面进行了广泛和深入的经验共享，涉及经济特区的实施、产业发展、规划设计、管理运行等各个环节，以及吸引民间投资所需要的监管和企业环境等方面的经验。

第二节　会议举办情况概要

2011年1月7—13日，第二届中非高层论坛在深圳举行，此次会议的主题为“中非减贫与发展研讨会——经济特区发展与减贫”。会议由中国国际扶贫中心、联合国开发计划署联合主办，深圳大学中国经济特区研究中心承办，深圳市对口扶持办支持。参加本次会议的代表有来自非洲六个国家的高层官员，联合国开发计划署的高层官员，国务院扶贫办及中国国际扶贫中心相关领导、官员，国内相关部委领导、官员，地方政府及省扶贫办相关领导、官员，国内各高校相关领域专家学者，国内企业代表以及相关媒体记者约50余人。研讨会1月9日正式开始，国务院扶贫办副主任郑文凯、埃塞俄比亚城市发展和建设部部长海拉米斯克·塔菲拉（Hailemeskel TEFERA）、深圳大学校长章必功等出席研讨会并在开幕式致辞。中国国际扶贫中心副主任黄承伟作总结发言。与会代表围绕“中国经济特区发展与减贫”这一主题进行研讨，分享经济特区在发展进程中所带来的效应、影响和启示，探索非洲发展和减贫的途径。

本次研讨会包括四项议题，即：（1）中国经济特区的发展：国家战略与政策；（2）经济特区发展的国别案例；（3）

经济特区产业发展：先决条件、政策和绿色升级战略；（4）非洲经济特区发展如何营造良好的企业环境。会议在形式上的一大亮点是新增了非洲代表与企业家的座谈活动及赴企业考察环节。非洲代表与中国企业家的交流直接而热烈，取得了良好的效果。

会议主要取得了三方面成果：一是达成一项重要共识，即经济特区是中国采取的一项特殊而有效的发展模式，对减贫产生了积极的作用和影响。这种模式虽不一定可复制，但在很多方面可以为非洲国家所借鉴。二是反映了一个强烈需求，非洲国家迫切希望学习中国式发展道路和减贫模式，减贫与发展日益成为与发展中国家加强对话的重要议题；开展减贫与发展领域交流合作对加强中非友谊、深化中非关系具有重要作用。三是表达了中非两方面的高度互补，一方面非洲国家经济起飞阶段亟需资金、技术、能力，另一方面我国进入经济转型期对产业转移、开发新市场的需求也日益强烈；非洲是要“引进来”，中国是要“走出去”，两者有着强烈的互补性。此次会议主题鲜明、成果丰富，得到了与会各方的积极评价。

第三节　会议主要观点及摘要

本届中非论坛共围绕以下四项议题进行研讨和发言：（1）中国经济特区的发展：国家战略与政策；（2）经济特区发展的国别案例；（3）经济特区产业发展：先决条件、政策和绿色升级战略；（4）非洲经济特区发展如何营造良好的企业环境。

一、中国经济特区的发展：国家战略与政策

首先，深圳大学校中国经济特区研究中心主任陶一桃教授做了题为“经济特区与中国发展道路”的发言。陶一桃在演讲中对中国社会体制的改革、社会制度的改革和经济体制的改革做了一个详细的讲解，从理论层面总结了深圳经济特区发展30年来的理论上的思索。陶一桃主要分析了以下两个问题：

第一个问题是经济特区的产生与中国道路的形成。陶一桃认为中国经济特区的发展历程是以市场经济体制的确立为主线的社会的制度变迁，以深圳为典型代表的中国经济特区的发展道路揭示出一条有中国特色的实现现代化的道路，同时有力地推动了中国社会的转型与发展。中国道

路即：在有30年计划经济历史，同时传统意识形态又占据统治地位的计划经济大国里，以创办经济特区作为冲破传统体制的突破口，从而在全国范围内逐步完成计划经济向市场经济的转型。第二个问题是经济特区成长与发展观念的转变。陶一桃认为创办经济特区是中国走向科学发展的关键选择，经济特区的成长与发展是在教训与挫折中不断调整发展战略，优化产业结构，转变发展方式，探索由经济增长型社会逐步走向全面发展型社会的过程。

国家发改委对外经济研究所原所长张燕生做了题为“经济特区在推动中国经济发展中的作用”的发言。张燕生主要是从全国经济发展的总背景下分析深圳的经济发展，从三个方面进行了分析。第一个方面是新中国建立时的战略选择（1949—1978），新中国选择了进口替代的工业化战略。此时中国主要靠自力更生、不依赖外援、独立自主地发展本国工业体系，主要采取高度集中的计划经济的方式，即政府动员资源来发展经济。第二个方面是改革开放时期中国发展战略的调整（1979至今），在此阶段经济特区成为示范区和窗口。1979年4月，中央经济工作会议决定在广东、福建试办特区，实行特殊政策和灵活措施发展经济。设立经济特区是中国区域对外开放和对外贸易发展的一大特色。在经济特区中，深圳最为成功。因为深圳和香港共同发挥了世界进入中国、中国融入世界的窗口和桥梁作用。

深圳成为中国最开放的城市和区域，外贸依存度高达200%以上；并且成为最具创新活力的城市和区域，拥有一批国内领先或有特色的企业，如招商银行、平安保险、万科地产、比亚迪汽车、大族激光等，还有一批世界名牌和自主创新型企业，如华为、中兴通讯、中集等品牌和高新技术企业。第三个方面是开放政策对中国经济的贡献，主要在于推动了中国国际贸易结构的转变，加快推动了保税贸易的发展。

深圳市委政策研究室研究员余雁刚做了题为“坚持发展是硬道理——深圳经济特区快速发展走向富裕的几点实践探索”的发言。余雁刚简要地概括了深圳这么多年来的一些实践探索。深圳从一个沿海边陲小镇崛起为一座现代化的大都市，综合经济实力居全国大中城市前列，其在探索快速发展走向富裕的实践中，主要是坚持了以下四个方面的做法:（一）深圳在发展中坚持以经济建设为中心，注重产业发展，以产业发展推动经济发展。同时，深圳还根据不同的发展阶段调整优化产业结构，推动产业由低端向高端转型。在改革开放早期，深圳利用劳动力和土地成本等方面的比较优势，抓住国际产业转移的机遇大力发展“三来一补”加工业，实现了工业的快速发展，到1990年深圳基本上成为一个工业化的城市。到20世纪90年代中期，深圳意识到发展高新技术企业的重要性，开始着手发展高新技术产业，果断地放弃了一些“三来一补”企业的项目，在全国率先出台了《关于进一步扶持高新技术产业发展若干规定》，俗称“21条”，同时举办了中国国际高新技术成果交易会（已经连续举办了13届）。这样的一些政策措施和做法极大地促进了深圳高新技术产业的发展。目前深圳高新技术产业的产值已经突破1万亿元，占GDP的比重接近39%。最近几年随着深圳的快速发展，人口、土地、资源难以为继，迫使深圳进行了战略性的结构调整。深圳依托现在的产业优势，结合国际产业发展的规律，确定了“高、新、软、优”为产业的发展方向。（二）深圳是中国改革开放的试验场，坚持市场取向的改革思路，敢闯敢试，成为体制机制创新的先锋地区。通过敢闯敢试深圳在全国率先打破铁饭碗，第一次拍卖土地使用权，创造了许多改革创新的全国第一，最先在全国建立了社会主义市场经济体制的基本框架。（三）在过去的30年，深圳一直坚持以开放促改革、促发展，充分发挥毗邻港澳的优势，抓住全球化的机遇，积极利用国内国外两个市场两种资源，大量引进技术管理的经验和人才，不断提升对外开放的水平和质量，提升国际竞争力。（四）坚持科技是第一生产力，成为首个国家创新型城市。过去深圳在产业基础薄弱、科技力量不强的背景下，依托企业为主体，探索出从中端产品逐步向上游研发的这样一个创新路径，形成了引进、消化、吸收再创新的自主创新模式。深圳这个时期自主创新最鲜明的标志就是四个“90%”：90%的研发人员在企业，90%的研发机构在企业，90%的研发经费在企业，90%的专利申请来自企业。此外，深圳还通过健全创新金融服务体系，完善社会公共服务体系等一系列的措施，为深圳的自主创新提供新的支撑。

二、经济特区发展国别案例

在这一议题中，共有五位发言人分享了经济特区发展的案例。

多哥总理办公室的主任普瑞·西姆菲榭对多哥发展情况进行了简明介绍。多哥的面积是5.6万平方公里，位于西非，人口约600万人，农业是多哥的第一产业，占了整个GDP的40%。多哥的国家建设主要通过实施战略减贫文件（PRSP），PRSP有四个重要的支柱。第一个支柱是加强政府的监管；第二个支柱是为更强有力和更持久的经济增长做准备，打下一个坚实的基础；第三个支柱是能力建设，开发和发展人力资本，着重教育系统和培育系统的改善，医疗体系的发展，人们生活水平的提高，另外要确保饮用水的可获得性，还要提高性别平等；第四大支柱则是要缩小地区之间的贫富差距。多哥1989年按照立法成立了出口加工区，1989—2010年，对该加工区的总的投资达到了2.9

亿美元，出口额达到了25亿美元，一共创造了10516个就业机会。

深圳大学中国经济特区研究中心副主任袁易明从三个方面分析了经济特区与减贫的问题。第一方面是中国过去30年经济发展对减贫的作用。有研究表明，中国在过去发展过程当中GDP每增长10%贫困率将下降9%，几乎是GDP每增长1%贫困率就会下降1%，接近1:1的关系。第二方面是中国经济特区对减贫的贡献。在对减贫的贡献中有一个很重要的概念就是外商直接投资（FDI），FDI在中国经济特区发展过程当中扮演了一个非常重要的角色，中国在不发达的阶段最缺的就是资本，FDI提供了最稀缺的资本要素。第三方面是通过对深圳的研究、通过对中国的研究，得出对非洲国家有参考的几点结论：（一）在第一个发展阶段，政府应该鼓励的不仅仅是FDI，更重要的是要鼓励一种非常灵活的外资形式，既非FDI的资金（加工贸易，也称"三来一补"经济）。（二）出口加工型的工业是吸引低端劳动力的一个很重要的原因，所以深圳的出口加工的市场需要去海外寻找市场，是解决贫困问题的办法之一，特别是在发展初期。（三）在发展的初期，发展重点是一些基本的初级加工工业、轻工业，而不是重工业，更不是高知识密集型和高资本密集型的产品。

尼日利亚国家计划委员会国际合作司司长巴熙·阿克

潘阳对尼日利亚的基本情况作了介绍。尼日利亚的国土面积95.4万平方公里，人口超过了1.4亿。在1999年建立了出口加工区。出口加工区的首要目标就是提高经济的发展、创造更多的就业机会，以及鼓励出口，尼还为此成立了尼日利亚出口加工区管理局。尼政府非常重视吸引直接投资和国外投资，尤其是在外国投资者和国内的企业之间创建一种公平的竞争环境。阿克潘阳司长提出了发展必须具备几个前提条件：首先要加强基础设施的建设来支持经济的发展，这一点非常关键。第二必须进行机制的转变，向出口型的贸易转变可以带来更多的就业机会，也可以帮助提高人民的生活水平。第三是在一些自由区域实行特殊的政策，这一点可以像别国学习，比如中国的深圳。

上海市浦东改革与发展研究院院长万曾炜就浦东开发开放的意义和特点做了发言。浦东是一个典型的减贫与发展的一个案例。万曾炜首先介绍了中国改革开放的范式，讲了中国经济特区建设的背景，中国整个开放进程的范式。他接着介绍了浦东开发开放的意义。在80年代后期、90年代初期这么一个特殊的历史条件下，邓小平提出了“开发开放浦东”。这个决策把整个中国改革开放的局面从根本上扭转过来，把整个中国经济改革开放重新掀起一个高潮。浦东开发在推进改革开放方面，大胆探索要素市场化，成立了中国第一家证券交易所即上海证券交易所，第一次在中国成立了期货交易所，第一次成立了产权交易所。浦东大胆开放领域，大胆创新城市化模式，把产业功能和城市功能联动起来。浦东的发展进程主要有四个特点：目标定位超前、城市布局科学、社会文化融合、带动作用明显。

加蓬社会经济司司长洛西林·玛万嘉女士对加蓬的一些基本情况进行了介绍。加蓬国土面积267667平方公里，人口约123万人，自然资源有石油、锰、铀、铁矿等，同时还有一些水力发电。为了振兴经济，加蓬政府颁布和实施了一些新兴的政策和战略，一共包含三大发展支柱：一个是绿色加蓬，包括对森林的保护，以及对农业、农田的保护。第二大支柱则是工业加蓬，指的是原材料的转化和原材料产业的发展。第三大支柱则是服务业的加蓬，包括在人力资源方面的一些发展，创造就业机会以及提高人们的收入和生活水平。这三大支柱又可以分为九大重要的中心：加强法制、实行分权确保公共事务的更好管理；提高公众生活的水平；保证国家领土统一的同时巩固跟邻国的关系；保持可持续性地发展；大力发展基础设施从而更好地支持经济的发展；更好地管理公共财政；推动民众责任感的提高；打击不公平以及贫穷。

商务部国际贸易经济合作研究院金柏松对以上发言进行了点评，并将中国改革开放的经验总结为九个方面：第一是非均衡发展，局部突破；第二是出口导向；第三，渐进式，主要体现在地理推进法；第四是制定了吸引外资投资的指导目录；第五是中国经济体制改革是从中央集权的、高度计划经济的体制逐步放权到地方，逐步放权给企业；第六是中国特别关注高科技的发展，设定了高科技园区；第七是中国政府始终发挥强有力的领导作用；第八，保持政局的稳定；第九是有计划的投资。

三、经济特区产业发展：先决条件、政策和绿色升级战略

中国农业大学人文与发展学院李小云教授做了题为“非洲是否适用中国特区的增长模式”的发言。李小云主要从三个方面总结了中国的改革经验：首先是中国的改革开放从小范围开始去建设市场经济；其次是小范围的改革必须是受中央政府的控制，这样才能避免一些风险的增加；第三点是经济特区的经验就是从局部开始边干边学、边改革边学，然后向各个不同的领域进行深入的改革。允许一部分人跟一部分地区先富裕起来，然后再把他们的经验推广到全国。李小云教授还建议将中国的市场经济模式介绍给非洲的时候需要好好地分析一下中国和非洲国情的不同。其次应该更好地介绍中国经济特区建设的成功经验，给非洲提供结合实际的建议。第三点是非洲政府应该为特区建设创造很好的基础设施条件，同时也要大力度地去控制一

些关键环节。第四点是要非常关注非洲学习中国特区经验时的技术操作，因为今天的非洲已经不同于70年代的中国，那个时候中国利用了中央政府的集权来落实政策，这一点对于今天非洲的情况是完全不适宜的。对很多的非洲国家来说，要建立这么一个特殊的经济特区很不容易。当非洲国家开始启动这种经济特区项目的时候，如果他们只是集中在基础设施建设这一块，意义不是那么大。李小云还提出不应该误解特区政策的本质，中国快速的经济发展以及取得的成功，并不是完全靠经济特区这一个单一元素来决定的。经济特区确实解决了很多的问题，比如减贫问题，这是非洲国家所需要的。可以把经济特区作为减贫战略之一，所以经济特区的建立不仅仅是集中在工业化目标上面。

埃塞俄比亚建筑局局长阿玛雷·阿斯哥顿对埃塞的经济发展作了简要介绍。埃塞俄比亚的国土面积114平方公里，有350万人口。埃塞俄比亚有很多的投资优势：（一）埃塞的土地和原材料是非常充足的，投资者可以来租赁埃塞的土地进行商业活动，土地有时候甚至是免费的。（二）除了原材料埃塞还有充裕和比较便宜的劳动力，埃塞有8500万的人口，而且人口以每年2.6%增长。（三）埃塞还有充足的电力，到2012年埃塞将是一个电力剩余的国家，有比较充足的能源。（四）埃塞有一系列的政策使投资者可以比较方便地进入埃塞市场，埃塞是几个非洲共同市场的成员。（五）埃塞有产业集群，而且这些产业是彼此相联系的，在地理上是相邻的，比如说一体化的纺织工业集群、皮质品集群。Dukem工业区位于埃塞的首都东南部35公里，已经有很多的中国公司来到这里投资，在这个工业区里有纺织业、制衣业、制鞋业，还有建筑原材料、电力设备、引擎、能源装备、制造业和食品加工业，这个工业区创造了很多的就业机会。埃塞将会在东部、北部和南部以及中部地区建立新的产业区。埃塞也建立了对产业集群的激励机制和优惠政策。

国家开发银行苏州支行经营管理处处长陈鑫就国家开发银行对经济特区企业的金融支持进行了发言。陈鑫解释了开发银行采取什么样的措施和战略去帮助苏州工业园的建立和运作。开发银行在工业园区建设中的作用主要有四个方面：（一）提供了建设基础设施的资金。（二）培育了园区内企业之间的合作关系，保障工业园区产业化迅速发展。（三）积极构建创新体系，为提升工业园区提供动力支持。（四）形成了一个强大的信号作用，引导了社会资金的投入。苏州工业园区是中新两国政府合作的工业园区，也是迄今为止中国级别最高的一个工业园区。开发银行参与苏州工业园区建设的原因之一是苏州工业园区作为两国合作的项目，为了保证园区建设的顺利进行，政府选择了合格的和有力的金融机构进行了支持。之二是国家开发银行作为国家支持的一个象征和代表，需要把自己一些成功的模式和金融服务运用到中新合作的苏州工业园区，以提升中国的国际形象和对外发展。开发银行作为一家开发性金融机构有他特定的目标，并且能够把建设规划和投融资规划有效地结合起来。同时，中国经济特别是各类的开发区高速稳定的发展，也为开发银行的金融创新和金融支持提供了一个良好的载体。

深圳大学的钟若愚教授对以上发言进行了点评，主要就发展经济学的两个关键问题发表了看法。第一个是经济起飞问题，第二个是可持续发展问题。钟教授认为本次研讨会关注得比较多的是经济起飞，也就是什么时候起飞？资本不足等这些问题如何解决？但钟教授更多的是关注能不能可持续地发展，也就是说今天的发展如何为明天留下足够的资源空间，这一代人怎么能够在不掠夺下一代或者后代们发展的资源基础上能够实现有效率的起飞和经济的发展。中国最近十多年的经济增长是资源消耗压力最大，增长效率和质量最低的一个阶段。因此，从基本的事实和特征出发，非洲国家的发展应该在起飞的阶段或者说是发展的初期就能够关注效率提升和人力资本的积累。

从中国经济特区的发展历程来看，非洲国家可以借鉴以下几点：（一）技术进步的来源首先一个是输入性的技术进步，通过从先进国家输入技术，通过模仿或者是有限学习的方式来实现本国的技术进步，从而实现经济的可持续性发展。（二）干中学或者是边干边学，在生产的过程当中积累经验来改善未来的发展和提高未来的效率。（三）对人力资本进行投资。所以钟若愚认为中国模式或者是中国的经验，对非洲国家是有借鉴的，但是中国模式并不是在所有的方面都是成功的，尤其是中国还要改善人力资本积累的方式。具体到深圳经济特区，深圳是特殊的，深圳的经验不能直接照搬，也不能完全复制。

四、非洲经济特区发展如何营造良好的企业环境

本环节先是由五位非洲官员分别介绍他们国家的情况，然后中国企业代表谈一下在非洲情况及面临的问题。其中一些国家的情况在前文有介绍，这里不再重复。

莫桑比克国家发展署计划与发展经济特区办公室的Simao Joaquim先生对于莫桑比克的发展情况作了简要介绍，主要是该国吸引外资的条件：（一）莫桑比克现在是全面开放的一个国家，对国内国外的投资资本的流入都是持开放态度；（二）莫桑的自然资源非常丰富，比如说水能、天然气、煤、矿物质、木材，还有很广阔的农业用地。莫桑现处于非常和平稳定、有活力的经济发展状态；（三）法律制度框架也非常健全，有相关投资方面的专门的法律法规，也有相对应的一些条款规定能够确保投资者的财务收

益。莫桑比克现在只有一个经济特区——NACALA经济特区。NACALA经济特区主要有两个区域，总面积是1539平方公里，人口30万，地理位置非常好，交通方便。莫桑比克可投资行业包括农业加工，比如棉花加工业、食品加工业、农业森林业等；还有纺织业、IT行业、建筑工业、物流业、旅游业，包括赌场或者是饭店酒店的建设。还可以建立一些大型的购物广场、购物中心，同时还可以来投资医院、诊所以及工业园。

五位非洲官员分别介绍了他们的国家之后，五位中国公司和企业代表也就他们在非洲投资所面临的挑战作了分析和阐述。首先是深圳创益的康晓军发言。深圳创益主要做太阳能产品，在非洲设立了子公司，子公司设在肯尼亚的内罗毕。在非洲做业务碰到的挑战可以总结为以下几点：第一个是非洲各个国家之间的物流是一个挑战，有些非洲邻近国家之间的物流费用甚至比从中国过去的物流费用还要高。第二个是金融方面，很多的非洲国家一旦美金拨转到了一定数额的时候就会有很多的限制，有的甚至需要中央银行审批才能够完成资金的拨转，这会造成很多麻烦。第三个是产品的品质和价值之间的一个平衡，本地市场是一个完全价格导向的，但是不同的品质需要不同的价格，这是一个需要和投资所在地的合作伙伴一起去考虑的问题。

深圳市联合安业科技有限公司的代表王和先生介绍了

他们公司的业务领域，他们公司主要做汽车智能交通一整套解决方案，他们的产品主要是GPS监控，可以应用到出租车、巴士、大卡车的交通系统。比如非洲国家有很多的输油车辆，为防止那些油车油量被盗可以安装监控油车的系统。该公司从2008年开始从事外贸，有和非洲国家合作的经验，主要的市场在尼日利亚，还有赞比亚以及埃及和肯尼亚，其中尼日利亚在非洲GPS监控市场来说占的百分比最大的。目前遇到的问题有：非洲的一些银行付款有限制，导致合作的进程比较缓慢；出口量的多少也是有限制的；还有就是当地DHL快递收货的话不能超过多少公斤，如果超过多少公斤需要分批收货。

深圳市捷鸿运通讯有限公司代表孟女士对他们公司目前的经营情况做了简单介绍。其公司分为两个部门，国内生产部门和国外贸易部门，主要的市场在非洲，产品有手机、电池、内存卡，以手机为主，整套手机的出口。目前做得比较成熟的市场是在南非的约翰内斯堡，成立于2011年3月，在约翰内斯堡取得了南非通讯局的认证。还有一个另外的销售市场是津巴布韦的首都，这个市场是2010年5月成立。这两个国家在经济方面有着很大的不同，相对来说南非市场虽然成立得晚但是销售情况比较理想。在进行贸易的过程中，遇到的最突出的问题是货物到海关的时候经常会有一些危险因素存在。今年下半年，美国的金融危机以及非洲当地货币的不稳定性也对贸易产生了比较大的影响。

五、研讨会总结

埃塞俄比亚的部长Hailemeskel Tetera先生对非洲能够从中国的发展中学到的经验做了六个方面的总结：（一）优先发展农业并带动工业化的发展。（二）执行出口带动的工业发展政策。（三）必须建立和执行有效的国内资本和外国资本之间的合作关系。（四）发展私有企业。（五）必须使政府扮演领导、管理的角色。（六）必须为工业企业的发展提供优惠政策。非洲从中国的模式中学到了很多。非洲国家希望能够建立一个稳定的宏观环境，使贫穷人口的数量得以减少，并且给予企业更多的自主权，政府给企业制定一个大的方向，使企业在长期的发展领域可以吸引外资。非洲还要促进经济环境的改革，必须建立健康或者说是更加现代化的金融系统，这样才能使经济有一个全面的发展。

中国国际扶贫中心副主任黄承伟对中国政府在过去30多年减贫与发展的一些基本的经验、未来十年中国推动减贫的主要政策和战略进行了总结。中国过去32年扶贫开发的经验可以归结为以下几个方面：（一）不断改变经济增长方式，让经济增长成果为更多的成员受益；（二）不断实施有利于农村地区、有利于长远发展的政策；（三）实施有组织的、大规模的专项扶贫计划；（四）通过产业发展来扶贫；（五）把贫困地区各种各样的致贫因素综合起来进行综合治理。

未来十年中国在减贫方面的主要战略有：（一）把贫困人口集中分布的连片地区作为扶贫攻坚的主战场，同时把另外三个特殊的少数民族地区作为国家特殊政策扶持的地区。（二）继续巩固和发展“大扶贫”的格局，即加大行业扶贫的力度，加大社会扶贫的力度，加大专项扶贫的力度，通过规划把这三种扶贫有效地结合起来，真正解决贫困地区穷人的发展问题。（三）动员全社会参与和关注扶贫，增加对扶贫的投入，增加对贫困地区的帮助。（四）给贫困地区特别是片区实施更加优惠的发展政策。（五）把贫困人口自我发展能力的提高放在优先的位置。

经济特区和减贫之间有如下的关系：（一）经济特区给贫困地区带来了一个新的发展理念。（二）通过产业的发展创造就业机会，吸收了大量农村地区的劳动力，其中相当部分来自贫困地区。（三）由于建立经济特区加快了经济的发展，特区的经济实力不断地提高和增强，它就有条件帮助落后地区加快发展。（四）深圳经济特区为全国和包括贫困地区在内的各级官员培训提供了一个教材和基地。（五）经济特区通过政策的试验，把成功的政策在全国进行推广，有效地加快了落后地区的发展，使贫困地区从加快发展中受益，有效地帮助了穷人加快发展。另一方面经济特区的发展对于贫困地区和减贫工作也有一些不利的影响：（一）最大的影响是经济特区的发展拉大了这些地区和其他地区的发展差距，也对整个国家的经济发展不平衡增加了推力。（二）经济特区的发展没有能够形成一种真正的扩散效应，无论是通过投资、技术的转移、还是通过产品的转移，国家没有一整套的扶持政策促进这种扩散效应。（三）对于贫困地区的影响和不利之处在于特区所形成的改革试验政策的可复制性、可扩散性受了很多条件的限制。

关于经济特区发展和减贫可以得到以下三点启示：（一）经济特区的形成和发展有特定的历史条件和特定的背景。（二）经济特区发展到一定的程度，必须最大限度地加强特区的扩散效应，让特区的效应最大限度地向其他地区，特别是向后发展的地区传递，只有这样才能够发挥经济特区的改革试验区的作用。（三）经济特区的发展不仅仅在条件好的地区来开展试验，也可以在条件不好的一些后发达地区来进行试验，通过这种特殊政策的集聚形成集聚的效应、激化的效应，逐步向外扩散，这样也可以有效地带动落后地区的发展。

第三章　2012 年中非减贫与发展会议

——农业现代化与减贫

第一节　会议背景及主要目标

一、会议背景

作为借鉴其他发展中国家（尤其是像中国这样的新兴经济体）的经济发展经验的一种方式，国际社会再次兴起对南南合作与对话的兴趣。联合国开发计划署（UNDP）以及联合国的其他组织在继续与传统的开发合作伙伴保持紧密的开发合作伙伴关系的同时，还不断地与新兴经济体结成战略合作伙伴。其目标是为了拓展开发合作前景，尤其是协助加速实现“千年发展目标”。中非减贫与发展会议分享中国的减贫经验，在日益增强的中非合作方面开辟一条有效的新途径。除了一些非洲国家制定的新兴双边合作框架外，在非洲联盟（AU）广泛领导与支持下发展的总体战略对话也进一步加强了此类合作。

中非减贫与发展会议旨在通过“在变革中求发展”的方式来削减贫穷，加速全面增长，并推动千年发展目标在非洲的进程。会议将主要讨论发展中国家的经验，尤其将侧重于讨论中国在30年内带领五亿多人摆脱贫困这一震惊全球的成就。几乎在过去30年改革历程的每一个阶段，中国都一贯采取独力自主的方针。在研究和学习国际经验的同时，中国并没有生搬硬套别人的模式和方法。中国的发展模式和相关政策是以其对现实状况的自身理解为基础，经内部酝酿而形成的。中国的发展是一个变革的过程，它涉及且需要的不仅是经济的不断变革，还有体制和社会的不断变革。中国的领导层（和执政精英们）一直致力于建立相关机制并投入大量精力，以促进并管理这一变革过程。其他一些新兴经济体和非洲的很多国家也同样在减贫和促进人类发展的工作中取得了很大的成就。中国的成功为其他发展中国家带来了启发。

第二节　会议举办概况

一、会议基本情况

第三届中非减贫与发展会议于2012年7月28日在坦桑尼亚首都达累斯萨拉姆举行，坦桑尼亚共和国总统基奎特，中国国务院扶贫开发领导小组副组长、办公室主任范小建，中国驻坦桑尼亚大使吕友清，塞拉利昂财政和经济发展部副部长卡格布等出席会议开幕式并致辞。来自中国和非洲的政府官员、学者、企业、公民社会组织及多双边发展机构的120余名代表出席了会议。其中包括来自坦桑尼亚、塞拉利昂、加纳、肯尼亚、厄立特里亚、毛里求斯、乌干达和毛里塔尼亚等8个国家的20余名部长级代表及非盟农村经济和农业专员、东南非等非洲地区组织的高级代表。从出席情况看，本届会议规格高、规模大、代表性强。

会议为期一天，以“农业现代化与减贫”为主题，旨在分享中非农业发展经验，并探讨如何通过农业现代化以及发展合作促进减贫。会议分析了中国及非洲农业发展政策，并重点讨论了农业基础设施建设、农业技术研究推广、农业产业链及农民的组织化在推动农业现代化中的作用，与会代表发言积极，讨论热烈。

本次会议体现了以下四个主要特点：

一是多方协力。会议除中国国际扶贫中心从策划、筹备到组织全程发挥主导作用外，还引入了6个合作方。坦桑尼亚总统府计划委员会作为主办方之一，主要负责邀请坦桑尼亚各界代表；中非农业投资有限责任公司、中国农业大学作为承办方，为会议提供了后勤服务和技术支持；联合国开发计划署、世界银行、英国国际发展部在推荐国际代表、丰富会议日程等方面也提供了一定的支持。

二是各方重视。坦桑尼亚共和国总统基奎特出席本次会议开幕式并发表热情洋溢的讲话，中国国务院扶贫办主任范小建共同出席本次会议开幕式并致辞。非洲其他7个国家和非洲联盟农村经济和农业委员会都有较高级别代表出席会议，并做了重要的致辞和专题发言。

三是代表性强。中国方面，有来自中国国务院研究室、外交部、发改委、商务部、农业部、水利部等6个国务院机构和部委的代表，来自中国农科院、中国农业大学、西北农大3个科研院所的专家学者，以及来自中非农业投资有限公司、中土、中水电、中非民间商会、中国援坦农业示范中心等10余名企业代表出席了会议，中国驻坦桑尼亚大使吕友清出席会议开幕式并致辞，使馆各部门均派人参会。

非洲方面，有非盟、东南非商品贸易联盟等地区组织的高级代表，坦桑有来自总统办公室、总理办公室、计划部、财政部、农业部、经济事务部、畜牧渔业部、科技部、央行等政府机构的代表，其中副部级以上代表20余位；更有来自相关企业协会、公民社会组织以及近10家多双边发展机构的代表。

四是宣传及时充分。为保证会议达到预期目的，在国内外产生影响，筹备阶段中国国际扶贫中心通过我驻坦桑使馆邀请到新华社、中央电视台及人民日报驻非洲分社的记者参会，其中人民日报社由于分社设在南非，其记者专程从南非赶到坦桑尼亚对会议进行报道。

坦桑尼亚总统府计委则于会前在多家坦桑媒体发布会议新闻预告，并开门见山地指出：坦桑尼亚获充分信任成为第三届中非减贫与发展会议的东道国。会议当天，坦桑主流报纸《卫报》、《每日新闻》、《周日新闻》等近10家坦桑新闻媒体应计委邀请参会并于会后刊发了会议报道，还有若干家当地媒体主动前来报道会议。

通过广泛与及时的媒体参与，在中、坦较好地宣传了会议，也巧妙地宣传了中国国际扶贫中心在非洲深入农村基层开展减贫合作的实践活动。

二、会议的主要成果

（一）会议分析了农业发展与减贫之间的关系，分享了中非农业政策制定和实施过程的经验。

农业发展对经济增长和减贫有正面影响，农业作为绝大多数非洲国家的经济支柱，对保障国家粮食安全，促进实现千年发展目标具有重要的意义。农业通过产业链为从事生产、加工、销售及国际贸易的从业人员提供了发展机会。在此背景下，政府需要不断调整完善农业政策，制度设计要兼顾长远目标与眼前需要、市场机制与政府作用、兼顾普惠性与特惠性；结合中国的发展实践，应把发展农业放在优先位置，调动生产者积极性，使公共政策向农业倾斜，逐步实现市场化和贸易自由化。

（二）会议阐述了农业基础设施建设、农业技术研究推广、农业产业链和农民组织化在推动农业现代化中的作用。

与会者认为农业发展能够使贫困人口直接受益，因而要通过加强生产性基础设施建设，发挥科学技术在农业现代化中的作用，推动产学研相结合的机制性设置，夯实发展农业的基础条件；同时通过产业链将分散经营的小农经济与市场经济相连接，利用现代农业要素延伸和整合农业产业链，提高农业的组织化程度，使其更好地推动产业链的发展。

（三）会议提出了发展农业和有效促进减贫的建议。

与会代表就此议题献言献策，如在农业发展过程中，要充分发挥政府的作用，要利用好公共政策和投入，要加强农业研究和技术推广，要有针对性地加大培训力度以提高贫困人口生产经营能力，鼓励贫困人口参与市场化生产和自由市场，积极进行产业结构调整，完善本国的发展战略，从而实现减贫目标。

（四）会议认同中国减贫经验在中非合作中的重要作用，并意识到中非合作在南南合作中的独特地位。

坦桑尼亚减贫研究所执行主席旺格韦表示，非洲国家应当充分学习中国减贫的方法，借鉴其中的精华，再结合各国、各地区具体情况应用到实践当中。

非盟农村经济和农业事务专员皮斯说，本次会议主题与正在实施的非洲农业综合发展计划相呼应，体现了南南合作的精神。针对中方代表介绍的中国经验，她表示，非盟非常欢迎中方以科研与技术合作为重点，通过帮助发展农业实现减贫的做法。基奎特总统和皮斯专员都希望中方继续支持非洲农业基础设施建设，帮助非洲进行农业研发和人员培训。塞拉利昂财政与经济发展部副部长卡格布对人民日报记者说，他对中国通过发展农业行之有效地实现减贫有着浓厚兴趣。他强调，在南南合作框架内，中非以农业合作促进扶贫合作意义深远。减贫合作不会带走资源，反而会把实用技术与宝贵经验留在非洲土地上。这说明，中国减贫经验得到广大非洲国家的认可，在帮助非洲进行能力建设以推动减贫方面中国被寄予厚望。

总体来看，会议取得了圆满成功，达到了预期目的，进一步促进了交流、提升了认识、增进了友谊。

三、启示和建议

（一）中国国际扶贫中心已有独立在非洲举办大型交流活动的能力，成长为传播分享减贫经验的国际性知识交流平台。应继续加强中心能力建设，拓展对外网络，打造国际一流知识中心。

与以往历届在国外办会多少都依托UNDP、亚行等国际组织不同，此次会议从前期策划、方案设计、议题设置，到中外方代表邀请、后勤安排、会议组织，全程都由中心主导推动，UNDP等国际组织只是发挥了补充性的作用。本届会议可以说是对中心在外独立主办大型国际会议能力的展示，经实践检验是合格的，胜任的。

在会议筹备过程中，通过与国内外各合作方的接触和协调，我们发现，大家愿意听取中心的设想和提议，要求参加中心的活动，因为受中心所托感到荣幸。这在某种程度上表明，国际中心在国际发展界特别是非洲已获较为广泛的认可，中心已借助中国独特的减贫和发展经验确立了一席之地，中非减贫与发展会议也成长为中心在非洲的重要区域交流平台。

对此，中心应保持这一蓬勃发展势头，对内加强机构和员工能力建设及人才队伍建设，对外拓展维护知识、人员网络，集中精力做好品牌产品，打造国际一流的知识中心。

（二）非洲与中国的传统友谊，对中国减贫经验的巨大需求，为其逐渐认识中非减贫合作的深远意义打下了基础。我们应以知识和经验交流为平台，以惠及民生的减贫示范项目为落脚点，扎实推动中非减贫领域的务实合作，真正促进中非合作关系，深化中非友谊。

在会议的筹备和举办过程中，我们发现坦桑上至官员，下至民众，对中国人民都怀有朴素的兄弟情谊，普遍认同中国的快速发展，希望得到中国更多的帮助。这正好推动了学习中国成功减贫经验、扩大中非合作的需求。但另一方面，我们也察觉到，随着我们走出去的企业日益增多，需要一些软环境的配合，包括为我们的援外项目在“接地气”、惠及草根方面多做一些工作。国际中心近几年在坦桑尼亚开展的减贫合作，既有政策咨询、能力建设等针对政府官员的交流合作，也有在莫罗哥罗省佩雅佩雅村实施的小型减贫示范项目，这些尝试很有意义。

今后，中心在做好中非减贫与发展论坛这一经验交流平台的同时，也要做好对非务实合作项目，有声音又有行动，有倡议也有落实。

（三）中非减贫与发展会议的召开，已在事实上成为落实中非合作论坛重要决议和精神的后续活动。我们将继续扩大该会议的影响，争取各方认同，早日将会议纳入“中非合作论坛”等国家外交和援外框架。

中国国务院扶贫开发领导小组副组长、办公室主任范小建表示，中国与非洲国家同处在发展中阶段，促进发展、消除贫困是双方共同的奋斗目标。长期以来，中国和非洲各国积极探索国家繁荣富强、人民幸福安康的发展道路，在促进增长、加快减贫进程、推动社会进步等方面取得了显著成效。他说，农业和农村发展是实现增长和减贫的重要基础。这次会议针对提高农业政策制定能力和水平、农业基础设施建设、农业技术研究推广，推动通过农业现代化实现减贫，对促进非洲和中国的农业增长和农村发展，将具有十分积极的现实意义。

我驻坦桑尼亚大使吕友清在开幕致辞中明确表示：在刚刚结束的中非合作论坛第五届部长级会议上，胡锦涛主席代表中国政府宣布了支持非洲和平与发展，推进中非新型战略伙伴关系的五个重点领域。本届“中非减贫与发展会议”在坦桑召开，是落实中非合作论坛第五届部长级会议精神的具体行动，标志着中非、中坦减贫与发展交流合作进入了一个新的阶段。

各方的认同，表明中非减贫与发展会议已在事实上成为落实中非合作论坛会议精神的具体活动。我们将继续扩大该会议在国内外的影响，争取外交部、商务部等部委的指导和支持，早日将会议纳入“中非合作论坛”等国家外交和援外框架，更好地服务于我国外交、扶贫两个大局。

第三节　会议主要发现及观点摘要

本次中非论坛主要围绕以下五个环节展开讨论和发言的：（1）农业现代化和减贫综述；（2）农业政策及其制定过程；（3）平行会议A：农业基础设施建设、农业技术研究推广在推动农业现代化中的作用;（4）平行会议B：农业产业链和农民的组织化在推动农业现代化中的作用;（5）平行会议总结、对关键问题的展望。

一、农业现代化和减贫综述

中国农业部农村经济研究中心副主任赵长保作了题为“中国农业现代化和反贫困政策”的发言，他首先对中国农业发展政策发展历程进行简单介绍，讲到中国农业发展政策主要经历了以下四个阶段：1978年，中国建立了家庭联产承包责任制，废除了人民公社，初步建立起以农业为基础的基本经济制度；1985—1991年，中国调整了粮食统购统销制度、鼓励乡镇企业运行、农村引入村民自治，标志着农村改革在全面推进；1992—2001年，中国农产品分配制度改革、农村经济结构调整，鼓励农民工外出务工，标志着农村改革的深入；2002年至今，中国对农业进行一系列改革，免除农业税，给农民提供补贴，拓宽农业市场，改善农民就业，建设新农村，这标志着中国进入城乡统筹发展的新阶段。赵长保指出农业政策在反贫困中发挥着很重要的作用，主要包括：家庭联产承包责任制给予了贫困农民平等发展的机会，农业税的免除和给农民的补贴可以增加农民收入，减轻贫困人口的负担，农业社会服务体系和健康保障体系日趋完善也在很大程度上提高了贫困人口的生活质量。最后，赵长保强调农村经济结构正在调整，应该给予农村贫困群体更多的发展机会以及更多的帮助去抵御风险和发展农业。

中国国际扶贫中心研究处处长王小林作了题为“中非合作：减贫新方式”的发言，他将西方传统援助模式和中国援助模式进行了分析比较。传统援助（OECD-DAC）模式是过程驱动型，有利于建立西方式民主政治体制，监督受援国对援助资金的使用以及政府得到纳税人的选票支持。但是这种传统援助模式也会造成国际援助资金的流向与接受援助的发展中国家贫困问题不协调，忽略了受援国的经济增长，使受援国形成外援依赖，无法走上自主发展的道路，陷入受援助—贫困—再受援助—再贫困的恶性循环中。而中国对非洲的援助模式则不同于传统模式，为增长驱动型模式。该模式是将援助、外国直接投资和贸易三者结合，共同建构国家整体发展战略。这种援助模式可以促进贸易平衡、拓展相互投资领域、扩大基础设施建设、提升民生水平、促进国家内生力的增加。王小林处长认为中非合作的五个关键领域是：投资、减贫、贸易、农业、基础设施。其中，投资让市场发挥主导作用促进本土经济增长和减贫，使受援国减少援助依赖。贸易打通受援国国内市场与国际经济链条的联系，发挥受援国比较优势。援助集中于大型工程和基础设施，为投资和贸易服务，同时让政府和市场有机结合，充分发挥公共资金的作用。这也正是中非合作增长驱动型的优点。最后他对于非洲国家接受国际援助提出两点建议：一方面非洲要借鉴传统援助模式中透明、公平等原则。另一方面要深刻体会发展要由可持续的、包容性的增长所驱动，非洲想要发展就必须将援助、投资和贸易有效结合，服务于本国发展战略。

非盟农业和农村经济委员图木西姆（Rhoda Peace Tumusiime）夫人作了题为“农业现代化扶贫”的发言，她讲到农业现代化扶贫这一主题与非盟领导下的旗舰项目——非洲农业发展综合计划（CAADP）的主题是一致的，都旨在推动非盟成员国GDP的增长。图木西姆夫人特别强调非洲要加深与中国的合作，非盟非常欢迎中国与非洲一道，通过发展农业引导型经济，实现扶贫的目标。她讲到中国自身已经摆脱贫困，赢得“工业大国”的身份，为非洲各国树立了良好的榜样，非洲各国在很大程度上与中国有着相似的经济发展机遇与境况，所以中国发展的经验教训非常适合非洲学习。同时，中国也秉承南南合作的精神，对非洲敞开大门，愿意与非洲在社会经济发展的重要领域进行合作。

二、农业政策及其制定过程

国务院研究室农村司司长叶兴庆作了题为“中国农业

政策的制定过程”的发言，他讲到中国经济成功很大程度上依赖于农业的成功，农业成功很大程度上依赖于政策的成功。在中国，农业政策常常以党或政府文件、国家法律法规、部门和地方规章这三种形式出台。这些文件由实践证明已经成熟和各方面认识统一的政策发展而来的，来源于基层的创造性实践与“摸着石头过河”、改革试验区的试验结果、各级官员的调查研究、知识精英的建议，并借鉴国外经验与国际准则。最终制定出的农业政策时间短、效率高，同时兼顾长远目标与眼前需要、市场机制与政府作用，以及普惠性与特惠性这三方面，这样的农业政策的实施往往会取得很大的成效。目前中国已经形成了基本的农业框架，包括土地政策（2.5亿农户取代400多万个生产队，成为农业生产经营主体）、流通政策（农产品和农资全部市场化）、贸易政策（扩大市场准入）、税费政策（取消农业税）、补贴政策（2011年达到1406亿元）、投入政策（国家财政支出中农业约占9%）这六大方面。这些政策的实施使得中国工业化、城镇化水平逐步提高，市场化、国际化程度逐步加深。最后，叶兴庆司长指出，中国农业发展虽然取得了一定的成功，但是也面临一些困难，所以要在今后的发展中总结发展经验，始终把发展农业放在优先位置，充分调动农民生产者积极性，同时确保公共政策向农业倾斜，逐步实现农业市场化和贸易自由化。

非洲减贫研究所执行主任Samuel Wangwe博士作了题为“农业政策分析”的发言，他首先指出农业仍旧是非洲国民经济中的基础产业，但是，当前非洲农业发展却面临着贫困群体逐渐扩大，食物支出占家庭支出比重仍然较大的挑战。大力发展农业、转型农业发展模式、拓宽减贫渠道势在必行。但是，非洲在拓宽和丰富农业减贫的策略、减少饥饿和实现粮食安全、促进在重要领域的合作（包括农业经济和非农经济合作、南南合作、公私合作）等方面存在现实困难，要达到上述目标就必须通过制定农业发展政策实现农业转型。农业政策需要鼓励当地农民的参与，系统评估其他国家的发展经验，改革金融领域来使金融能为农民服务，对农产品减少税收，发展农产品国内、区域和国际市场。

三、平行会议A：农业基础设施建设、农业技术研究推广在推动农业现代化中的作用

中国水利部中国灌溉排水发展中心处长王彦军作了题为“中国农业与灌溉排水的发展”的发言，他强调我国以占世界6%的水资源量和9%的可耕地，解决了占世界20%人口的温饱问题，灌溉农业功不可没。灌溉农业的成功得益于完善的水利工程建设。中国政府把水利作为国家基础设施建设的优先领域，把农田水利作为农村基础设施建设

的重点任务，大兴农田水利建设，加大灌区改造和建设力度，大力发展节水灌溉，加强农村水利管理，创新农田水利发展体制机制，不断提高农业综合生产能力，为保障国家粮食安全提供有力的支撑。最后，王彦军总结到，中国发展灌溉排水有一套自己独特的方式方法，具体包括推进小型农田水利重点县建设，因地制宜地兴建中小型水利设施，重视发展节水灌溉和牧区水利，还注重对大中型灌溉区和大型排水灌泵站进行更新改造。

毛里塔尼亚经济事务和发展部私营部门促进部副主任Tleb Dida作了题为“如何促进非洲农业基础设施建设”的发言。毛里塔尼亚私有部门促进部的主要任务包括通过改善经营环境，推动监管框架和程序的现代化；为私人和外商投资创造机会和建立基本的投资信息数据库；研究、接待、支持和帮助国内和国外投资者并提供信息；帮助合作伙伴，推进公共部门、私人和合资企业之间的合作等来促进私有部门的发展，与此同时加强基础设施的建设；将农业、渔业、基础设施建设列为最有发展潜力的部门，并制定相关政策激发这些部门的发展潜力。Tleb Dida认为，为了发展非洲经济，非洲需要加强农村地区基础设施的建设（包括运输和信息技术），调整社会安全网络为农村地区创造更多的就业机会，增加水资源，促进农业贸易自由化。

中国农业部全国农村技术推广服务中心办公室副主任

吴立峰作了题为“农业技术推广的中国经验”的发言，讲到中国的农技推广体系是以政府主办的农业技术推广机构为主体，农业科研、教育、企业广泛参与，乡和乡以上依附各级行政机构，分行业（专业）设置的事业型推广体系。乡镇推广机构实行多重管理，有以县、乡为主和双重管理等多种形式。中国已经建立了完善的农技推广体系，2007年基层农技推广机构人员有86.55万人，大学及以上教育程度的人数占比45.9%，35岁以下的基层农技推广人员占比33%。中国农技推广成功的经验在于对于重大农业技术推广通常都采取政府立项的方式进行，并通过项目推动、商品基地建设、展示示范、技术和实物结合、田间学校等具体环节将农业技术推广出去。农技推广的费用主要来源于中央和地方政府的投入，自筹资金（有偿服务），从不同部门申请项目（例如从农业部、财政部、科技部等）以及外援项目这四方面，从而保障了农技推广的成功实施。当然，中国的农技推广体系不是一成不变的，会随着时代变化不断调整完善，以实现构建以国家农技推广机构为主导，全社会力量广泛参与，适应社会主义市场经济体制的新型农技推广体系的总目标。新型农技推广体系由国家公益推广服务体系、农民合作经济组织、社会经营性服务系统三个层次构成，能够更好地促进农业的发展，增加农民收入。

撒哈拉以南非洲阿定康科技公司首席执行官Chris

Muyunda博士作了题为“弥补非洲农业研究和技术应用之间的鸿沟”的发言。Chris Muyunda博士提到非洲农业受到技术、市场、政策三个层面的制约与影响，最终导致了农业生产力低下，贫困加剧。从技术层面来看，除埃及、毛里求斯和苏丹外，非洲过度依赖雨养农业，农业投入效率较低，使得约75%的农田土壤养分消耗严重。加之生产方式的不恰当，病虫害严重，最终导致了非洲人均农业产量的下降。所以发展农业，重视农业技术的开发和推广非常重要。目前非洲农业技术开发的内容包含自然资源管理、粮食作物、高经济价值作物、牲畜四方面。但在实际应用中，农民对于这四方面技术的采用率较低，如奶制品技术采用率低于20%，粮食作物约40%，蔬菜技术低于20%，自然资源管理低于20%。主要原因在于采用技术成本高、农民缺乏采用意识、农业劳动力性别失衡、气候变化、农产品包装不良、目标市场选择错误、缺少配套的基础设施等。最后Chris Muyunda博士提到为了弥补这一鸿沟，必须重新选择目标市场，优先开发和推广自然资源管理技术，加强性别平等，加强农业推广服务，确保政策环境的支持等。

四、平行会议B：农业产业链和农民的组织化在推动农业现代化中的作用

中国农业科学院农经所胡定寰教授作了题为“中国农超对接的机遇和挑战”的发言。他讲到传统的蔬菜供应要经历农民—中间人—批发商—批发市场—超市供应商—超市6个环节，耗时长，农民利润低，容易产生食品安全问题。农超对接正是顺应这个时机发展而来的。在商务部和农业部的推动下，中国的许多超市设立了“农超对接”项目，即超市直接从农民那里购买农产品。在农超对接中，超市和政府都发挥着重要的作用，政府为合作社提供大量培训，用项目支持农民合作社与超市之间展开合作，帮助合作社与超市取得联系及解决两方之间的问题。超市将农产品的收购价提高10%，支持农民合作社的发展，通过培训改善农民的种植技术，在农民中树立农产品质量标准的概念。最后，胡定寰教授强调农超对接意味着农产品供应中间环节全部省略，形成农民和超市直接对接，各自收益将增加10%~15%，这将极大地促进农民增收。

肯尼亚新鲜产品出口协会首席执行官Stephen Mbithi Mwikya作了题为“非洲农业产业链的发展实践”的发言。他首先指出在肯尼亚国内从事园艺业有150万农民，450万人直接或者间接依靠园艺业，占人口总数的额11%。肯尼

亚园艺发展得益于园艺与欧盟超市签订了稳定的供货合同，出口欧盟超市的园艺总值占园艺总出口额的82%。并且园艺产品基本由小农生产，标准化生产模式的采用提高了小农的生产水平。Mwikya先生从肯尼亚园艺生产中总结出如下几点经验：农业生产采用小规模（1英亩~10公顷）和大规模（大于40公顷）都比较合理，但是中等规模可能不能盈利；要让农民采用统一的操作规范和标准，这是小农参与到全球价值链的关键；园艺是知识密集型产业，需要对农民进行培训；政府要建立对生产标准进行监控的机制；企业的带动作用也很重要。最后Mwikya先生提出非洲农产品出口市场要多元化，中国市场对于非洲农民的减贫起关键作用，中国和东非之间需要有低成本的空中和海洋运输通道。今后小农户面临的挑战是人口对土地造成的压力、农业利润如何在产业链上进行合理分配、如何处理大规模农户和小规模农户之间的关系。

中国农业部农村经济体制与经营管理司副司长贾广东作了题为“中国农业的组织体系”的发言，对中国农村社会化服务体系进行了系统的介绍。他指出中国以公益性服务为主体，以经营性服务为补充的农业农村社会化服务体系主要包括农技推广、农业产业化经营、农民专业合作社和农村经营管理体系。到目前为止，全国共有农技推广机构9.85万个，实有人员72.9万人，主要承担着关键技术的引进、试验、示范、农作物有害生物及农业灾害的监测、病虫害防治和植物疫情处置、农业公共信息和培训教育服务等公益性职能。农业产业化经营是中国农村改革不断深化的产物，是中国农民的伟大创造。到2011年底，中国各类农业产业化组织数量已达到28.42万个，参与产业化经营的农户年户均增收2477元。农民专业合作社是伴随着中国农村经营体制改革和市场经济的发展、农民有了进入市场的客观要求而产生的。目前，中国农民专业合作社实有入社农户超过4300万户，覆盖全国17.2%的农户，成员收入普遍比未入社农户高出20%以上。从一家一户分散经营走向专业化经营，从贫困落后迈向富裕小康，合作社成为发展现代农业、促进农民增收、繁荣农村经济的重要力量。目前，中国有农村经营管理机构3.83万个，实有人员15万人，主要承担着农村土地承包管理及流转服务、农民专业合作社指导、农业产业化发展指导等职能。

加纳粮食与农业部部长奎西·阿赫沃伊（KWESI AHWOI）作了题为“非洲农民的组织体系”的发言，他认为如果小农可以加强合作，通过筹集资金、分享信息、培训发展技能等，他们将有可能成功地应对日益增长的市场需求，促进农业发展。同时，他列举了非洲几个较为完善的农民组织，例如加纳蔬菜生产出口者协会（VPEAG），加纳海运出口协会（SPEG），加纳农业出口者联盟

（FAGE），这些协会通过培训组织成员，并为其提供信贷和营销服务，使他们能够生产并出口符合国际市场标准的水果和蔬菜；位于坦桑尼亚莫罗戈罗区的Nyandira和Kinole村农民协会（受到非洲绿色革命联盟的支持）开展的主要业务有储蓄、信贷和营销服务，所以中央银行将其视为一家微型金融机构；在布基纳法索，在德国国际合作公司的支持下，农民团体组成了联合会，并在培训和生产投入方面为农民提供帮助。这些农业合作组织的建立和成功，显示出通过集体合作，小农户有机会获得和应用相关技术和信息，也可以进入并参与到发展的市场中，获得好的贸易条件。奎西·阿赫沃伊（KWESI AHWOI）部长还分析了农民组织发展面临的挑战，包括有些农民组织缺少同质性和团结性；一些组织负责人可能要挟组织进行政治活动；缺少成员的有效参与和民主管理；把农民组织当成一个准政府而不是农民自治团体；有些组织不注册因此没有取得合法的法律地位等。通过上述分析，我们已经认识到农民组织能够为小农户提供必要的平台来应对农业价值链中面临的挑战。所以，非洲政府必须做出努力，促进农业组织的发展，从而提高农民的竞争力，提升他们的经营效益，加强他们在市场中的议价能力，从而达到在非洲小农户中实现减贫的目标。

五、平行会议总结、对关键问题的展望

联合国开发计划署驻坦代表处高级经济学家Amarakoon Bandara博士作了题为“非洲人类发展报告：构建非洲农业安全”的发言，他讲到撒哈拉沙漠以南的许多非洲国家陷入了低粮食安全和低人类发展水平的恶性循环中。2011年，在187个国家中，人类发展指数最低的国家有15个位于撒哈拉以南非洲，这就是错误政策、弱政府和市场失灵的带来的后果。Amarakoon Bandara博士指出撒哈拉沙漠以南非洲粮食不安全的原因在于该地区农业产量低，基础设施不完善，粮食价格波动较大，气候反常和暴力冲突频发影响粮食体系的稳定，获取资源和发展机会的不平等，忽视农业官方援助等原因。想要改善这一现状，必须认识到国家发展政策应该随着国内实际发展情况和大的环境做出相应调整，粮食安全不是只属于部委或专门机构的问题，而是国家发展的中心任务，应该由总统或总理和财政部协调，规划经济发展道路，提高农业生产率，这样才可以解决粮食不安全问题。

中国农业大学人文与发展学院院长及中国国际扶贫中心顾问李小云作了题为“在相互学习中推动中非农业发展”的发言。他讲到非洲农业的发展受到外部影响较大，并没有形成适合本国农业发展的计划，煞费苦心制定的农业政

策并没有和非洲小规模农业生产体系相结合。同时，非洲忽视政府能力建设，以至于政府无法给小规模农业生产提供必要的和有效的帮助，小农成为市场化和私人化经济的牺牲者。中国的农业发展经验表明，发展农业必须依靠持续的农业政策，循序渐进的市场改革来发展。农业战略和政策发展的影响取决于国家的能力，政策应该适合小规模生产者和他们所属的社会经济环境。中国的农业发展政策始终专注于鼓励小规模生产者走土地节约型道路。而非洲大多数国家受限于国家土地现状和农业发展服务的提供，非洲未能发展出劳动力节约型和土地节约型的农业。所以，政府必须要有所作为来解决非洲农业发展中的问题，从国家顶层战略出发制定有利于小规模农民生产的战略方针和政策。最后李小云教授强调到，非洲渴望学习中国的发展经验，但是不要照搬中国发展模式，要借鉴适合非洲的经验。同时，非洲自身也要制定相应的本土发展战略，促进非洲农业的发展。

第四章　2013 年中非减贫与发展会议

——促进就业可持续发展

第一节　会议目标及有关背景介绍

一、会议背景

在过去的十年中，非洲是世界范围内经济增长最为迅猛的地区之一。同时，与中国、印度等新兴经济体的贸易活动日益频繁，外商直接投资大量涌入，城市化进程加快，人民逐步增收，使得非洲的发展愈加迅速。但经济增长并不一定带来足够的就业机会，虽然非洲各国已经致力于增加就业，并已卓有成效，但是由于人口增长，特别是求职的青年人数增加，导致岗位数量远不能满足人们的就业需求。年轻人占非洲失业人口的60%，这个数字是成年失业率的两倍。为了应对就业压力，部分非洲国家已经实施了国家就业战略，具体包括加强基础设施建设，增加补助投入，夯实技能基础，改善劳动力市场中介服务，以及一些旨在解决青年失业问题的特殊措施，发展中小型企业对于非洲的工业化进程至关重要。中小企业是中国经济的一个重要支柱，在2008年底，中国政府制定实施了4万亿刺激计划，力挽狂澜。这为中小企业发展提供机遇与资源。其中，取消商业贷款上限是十大目标之一，这也为中小企业提供了融资支持。

发展中小企业是就业和减贫工作的关键，中非在这点上有共同的认识。发展中小企业将促进产业结构调整，塑造中非城乡面貌。中小企业有利于增加地方就业，改善贫困人民的生活，提升创新和企业家精神，健全当地技能组合，促进小城镇发展，并提升经济社会总体发展水平。总的来说，发展中小企业对可持续发展有深远影响。通过发展中小企业，增加就业，中非双方可以进行深层次的交流，以此推动各自经济社会的发展。

二、会议目标

本届会议将为与会者提供一个面对面交流的机会，以可持续发展和以人为本为指导，讨论与就业、中小企业发展、粮食安全和减贫有关的战略、政策和技术问题，以及加强中非交流合作的途径。此外还将安排与会者到乡村民营企业实地考察并与企业家座谈，促进相互了解。

第二节　会议举办情况概要

2013年7月8日，第四届中非高层论坛在浙江杭州举行，此次会议的主题为“中非减贫与发展研讨会——促进就业可持续发展”。会议由中国国际扶贫中心、联合国开发计划署联合主办，浙江省扶贫办和浙江大学承办，中国国际经济技术交流中心支持。参加本次会议的人员国内与会代表分别来自国务院扶贫办、中国国际扶贫中心、有关部委（外交部、发改委、财政部、商务部）、学术研究机构、非政府组织及企业，国际代表有非洲15个国家相关部委、学术机构、非政府组织、企业、以及多双边发展机构代表等，还有相关媒体代表。会议从7月8日开始至12日结束，共计5天。浙江省委副秘书长章文彪、博茨瓦纳副总统办公室常务秘书约翰·莫提比（John Mothibi）、联合国开发计划署驻华代表处副国别主任何佩德（Patrick Haverman）、中国商务部国际经济技术交流中心副主任王伟黎、浙江大学副校长罗卫东等出席开幕式并致辞。交流处处长李昕代为宣读了国务院扶贫办副主任郑文凯的致辞，中国国际扶贫中心副主任黄承伟作总结发言。郑主任的书面致辞指出，中国成功减贫的一条重要经验是通过发展中小企业促进就业，有效缓解贫困。中方愿意推动中国与非洲政府、与各国际机构、与企业和社会团体建立减贫交流与合作机制，加强中非减贫知识的交流与分享。博茨瓦纳副总统办公室常务秘书莫提比先生表示，非洲的经济增长尚未给最贫困人口的生活带来具体改善。非洲在城镇化水平、年轻人失业、食品安全等方面面临严重挑战。他认为，良好的政府管理是中国取得巨大减贫成就的重要原因，非洲国家愿意和中国开展深入对话和交流，吸取“减贫先锋”的经验。联合国开发计划署驻华代表处副国别主任何佩德（Patrick Haverman）承诺，联合国开发计划署愿意与中国国际扶贫中心一道支持并推动中非友好合作，从而为区域和全球可持续发展做出贡献。

本次研讨会包括三项议题：（1）中非国家就业政策与实践，（2）中小企业发展的关键问题：农业工业化和粮食安全，（3）坚持以人为本、可持续发展，促进就业、发展中小企业及减贫。

本次会议有五大鲜明特点：一是需求驱动，会议主题是在征求非洲国家意见后确定，十分契合非洲国家需求；二是代表性强，非洲方面参会代表来自的机构与主题高度相关，多为政府负责中小企业发展的管理部门、发展规划部、商务部或企业协会；三是日程安排紧凑丰富，1天的文化活动、1天的企业考察、两天半的研讨与总结，其中还包括与浙江省企业代表的座谈，紧紧围绕中小企业发展促进就业和减贫的主题，以多样的形式和务实的内容获得了参会代表的一致认可；四是会议成果丰富，会议期间参会者进行了积极热烈的讨论，既交流了经验，也形成了共识，更有部分代表就具体合作与中方有关部门进行了初步接洽；五是媒体参与广泛，宣传效果好，新华社、人民日报、21世纪经济报道、中国国际广播电台、中国扶贫杂志社、浙江电视台教育科技频道等中央和地方媒体对会议进行了多角度、多层次的报道。其中，新华社记者发表的《中国经验助力非洲减贫》获新华网、人民网、中国网、东方网等多家门户网站采用、转载，扩大了会议的影响。

第三节　会议主要观点及摘要

本届中非论坛共围绕以下三项议题进行研讨和发言：（1）中非国家就业政策与实践；（2）中小企业发展的关键问题：农业工业化和粮食安全；（3）坚持以人为本、可持续发展，促进就业、发展中小企业及减贫。以下是针对每个不同的议题的发言综述：

一、中国与非洲国家就业政策与实践

（一）中国就业政策与实践综述。中国就业促进会会长张小建介绍了中国经济就业政策及其实践。中国政府的执政理念是“以人为本”，就业是保障和改善民生的头等大事。中国政府在十二五规划中明确将实现充分就业作为经济社会发展的优先目标，就业优先战略包括：1. 选择有利于就业增长的经济发展方式，形成经济发展与扩大就业良性互动的长效机制。2. 在确定经济发展速度和经济结构调整的目标时，必须充分考虑就业的要求，在进行宏观调控时，必须要防止失业的风险。3. 将促进就业融入经济社会发展的全部进程，在转化经济发展方式的过程中，不断提高就业比例；在促进城乡一体化的过程中，推进就业的城乡统筹。4. 持续加大对就业的资金投入。实行有利于就业的公共财政保障。5. 把就业作为评价国家和地区经济社会发展成果最主要的指标，对是否实现充分就业的状况进行评估考核。

中国实施了积极就业政策和就业促进法，使中国就业取得巨大的进步：1. 2008—2012年的五年中，城镇新增就业5800万人，农村劳动力转移3700万人，其中新创业者达到1000多万人。2. 通过就业推动扶贫的效果十分明显，城镇新增就业中有800多万人原属于就业困难群体，农村转移就业中有上千万人原属于贫困人群，就业帮助他们及其家庭解脱了贫困。3. 在2008—2009年，国际金融危机对中国经济和就业产生了巨大的冲击，新增就业降到最低，失业率达到最高。但在2009年的第四季度，就业就恢复到危机前的水平，并在近两年新增就业达到历史新高。

（二）非洲国家就业政策与国家发展框架。来自中非经济共同体的宏观经济学家Joules Touka先生总结了喀麦隆、乍得和加蓬在促进年轻人就业方面的政策和经验。这些国家面临的主要问题一是就业不稳定，二是很多领域没能充分吸纳劳动力，比如农业、建筑业和制造业。他们对此采取的主要措施是：一是设立一个专门的政府机构来帮助年轻人实现就业。政府要求很多企业必须要拿出50%的实习岗位给年轻人，并且要给年轻人支付一定的福利报酬。政府对这些企业给予一定的支持和帮助，比如税收优惠。二是要不断地促进中小企业的发展。三是必须要建立起适合当地情况的就业政策，一定要注意到整个产业链当中的各个环节对于劳动力的需求，要找到在哪个地方有着更大的就业的潜力。

（三）政策和历史综述：中国中小企业的发展优势。中国农业大学的米增渝教授认为，中国的贫困人口主要是农村的农民，那么通过发展农村中小企业是中国成功减贫的一个重要经验。从2003年到2011年，中国乡镇企业增加值、利润总额和年末的从业人数分别增加了256%、171%和19%。2011年仅农村的个体工商户就占乡镇企业总数的77%。

中国农村中小企业政策的转变主要分为四个阶段：1. 1978年以前是抑制阶段，提倡公有制抑制私有制，农村只能搞农业。2. 允许阶段，主要是从1978年到1991年，允许在农村设立乡镇企业，政府逐渐放宽政策的限制。3. 鼓励阶段，从1992年到2002年，中国颁布了第一个农村企业的法律。4. 2002年以后是提速阶段，主要的标志是颁布了中小企业促进法。

中国农村中小企业的主要类型有：1. 第一产业：家庭农场和农业合作社；2. 第二产业：龙头企业+合作社+农户的模式、专业合作社+农户的模式、专业市场+农户的模式、龙头企业、企业集团带动的模式、乡镇企业；3. 第三产业：经营农产品市场的企业、物流企业和休闲农业。

米教授最后强调了发展中小企业的三个要点：1. 把发展中小企业提高到一个战略性的高度去认识，只有这样才能够极大地促进中小企业的发展；2. 要进行金融政策的创新，鼓励利用民间资本发展中小企业；3. 要进行管理机构的创新，需设立一个专门的中小企业政府管理机构。

（四）非洲国家的就业与中小企业发展政策。来自于乌干达战略规划部的Patrick Birungi先生介绍了乌干达的就业情况。乌干达目前只有50%的劳动力处在稳定就业之中，所以促进乌干达的就业任重而道远。在乌干达就业的几个主要领域，产品质量低、技术落后、缺少创造能力，而且国家的基础设施也比较落后。乌政府制定了一个青年就业促进计划：1. 政府建立了一个信贷体系，来支持年轻人的创业和就业；2. 通过促进产业发展来带动就业；从2012年开始，乌政府开始做产业园，并且把很多的中小企业引入到产业园中进行发展；3. 为年青人提供更多的技术培训，使他们适应就业的需要。Birungi先生认为在以下领域还需要进一步探讨：1. 如何通过技术孵化中心把学术中的创新跟产业发展联系起来；2. 如何让进口的技术真正符合国家的产业发展需要；3. 如何把分散化的劳动力信息整合起来，跟用人企业对接。

（五）中国模式的地方经验：浙江就业与扶贫。浙江省中小企业局的高建明副局长与大家分享了中国模式的地方经验：浙江就业与扶贫。浙江是中国中小企业发展大省。目前，浙江大约有85%的劳动力就业、75%的工业产值、65%的财政税收由中小企业创造。浙江发展中小企业起步早、发展快，成效非常明显，主要有以下几个特点：1. 产业以加工制造和服务业为主；2. 企业经营规模以小为主；3. 企业经营方式以民营为主；4. 企业产品以外贸出口为主。

发展中小企业的作用，不仅是创造GDP和对财政税收的贡献，更重要的是创造了更多的就业机会。浙江不仅基本解决了本省劳动就业问题，而且还吸纳了1200多万省外劳动力就业，主要来自于中国中西部地区。到2010年，省外就业人员占全省就业人员比重已达到30%。从这个意义上说，浙江为中西部地区劳动就业做出了贡献。

浙江的发展实践证明，要解决好就业问题，就必须营造良好的创业促就业的政策环境。为此，浙江省委省政府确立了“创业富民”的发展战略，主要措施有：1.鼓励全民自主创业；2.帮助改善创业环境；注重加强规划引导，有计划地在工业园区、都市新区和小城镇，整合各种要素资源，规划建设一批标准厂房或创业楼宇，帮助降低创业成本。3.开展创业辅导培训；4.提供创业资金支持；5.加强创业公共服务。

五位嘉宾对以上发言进行了点评：

来自莱索托发展规划部的Mthoateng Lebona女士希望在以下方面进一步学习中国的经验：1. 中国是怎么样调动各方面来支援青年创业的？在莱索托我们也想这样做，但是难度是比较大。2. 中国强调要在宏观经济政策和就业之间要达到良好的平衡和互动，但是莱索托现在经济发展面临着很多的危机，我们如何来在这两者之间实现一个平衡？ 3. 我们还看到中国有促进就业的法律，我们是很感兴趣，该法律到底有什么样的内容？强调哪些方面？4. 中国还强调加强农村地区的基础设施建设和基本的产业发展，还要改革银行系统的融资机制，这些方面的经验我们也很想学习。5. 莱索托还想向中国学习顶层的政策设计怎样与地方情况结合，以及其如何得到地方政府的支持和执行的问题。

中国国际经济技术交流中心的白澄宇处长认为：1. 政策在制定过程中一定要有综合配套的措施，要有宏观和微观的政策配套，而且在各个部门、产业政策和金融政策方面要相互配合；2. 政策的制订和实施一定要鼓励创新，只有创新才能真正地促进就业的增长；3. 中国在互联网时代，电子商务和互联网金融这些创新对中小企业的发展起到了极大的促进作用。

多哥共和国发展规划部项目经理Robert Gozo先生对多哥目前的发展做了详细的描述：1. 多哥属于农业大国，51.7%的人口在贫困线以下，22%的人处于失业状态；2. 目前实施了国家减贫战略来促进就业；3. 多哥实施了加强年轻毕业生就业能力和工作能力的计划和加强自主创业的计划，开启SAIEG项目，通过中小企业的发展推动年轻人就业，该项目60%的资金来自于政府基金，40%的资金来自金融行业。多哥在促进减贫和就业过程中有以下经验和教训：1. 要与商界不同企业尤其是中小企业紧密合作；

2. 促进就业不仅需要政府部门，也需要像NGO这样的组织扮演更重要的作用；3. 要做好项目的资本融资计划，否则项目就无法实施下去。

浙江大学管理学院副院长卫龙宝教授谈到，浙江省70%的土地资源都是山区和丘陵，属于资源缺乏省份，发展主要依靠中小企业。浙江有300万农民变成了企业家，这是难以置信的。浙江借鉴的是日本模式，即农转企、农转商的这样一个模式。浙江的发展经验是：1. 必须要利用本地行业来促进本地企业的发展。比如说浙江有30多万家小型服装纺织企业，这些企业不需要那么多的高技术支持，也不需要很多的资源，但是可以吸纳很多的劳动力。2. 不仅鼓励本地农民工开办企业成为企业家，还积极鼓励外来的农民工来本地就业和创业。

二、中小企业发展的关键问题：农业工业化和粮食安全

（一）非洲中小企业：面临的问题、进展及金融创新。毛里求斯财政和经济发展部人力资本和社会包容组的组长Janab Mownah先生对毛里求斯目前的发展进行了详细的分析。毛里求斯是一个很小的岛国，自1968年独立以来，已经取得了巨大的经济和社会发展的成功，从一个单一的农业国家，变成了一个多样化中等收入的国家。但其对外贸

的依赖性比较严重，容易受到全球竞争的影响。目前农业、渔业和林业仍然占到GDP较大的比例。制造业成为对于GDP增长贡献最大的一个领域，服务业也有较大的增长，农业对GDP贡献的增长在下滑。2009年毛政府出台了中小型企业发展法案。毛目前47%的劳动力都是在中小型企业内工作，中小企业对于GDP增长的贡献达到了35%。现在毛里求斯面临的一个问题是市场太小了。目前政府已经采取了一系列干预措施促进就业，主要是提供技能培训和信息这些公共服务。毛政府还制定了出口保险业务，对于中小型企业利益的保障非常重要的，尤其是应对金融危机后出口下滑的情况。毛政府还制定了青年人就业计划来提升青年人的就业能力，并且给他们提供一系列的就业安置。在农业方面毛政府主要是通过不断地提高农业的生产力，实现农业的产业化，来促进中小企业的发展。

肯尼亚国家财政部援助有效性秘书处的负责人Monica Asuna女士介绍了肯尼亚的发展情况。肯尼亚的中小企业对经济发展是非常重要的部门。1986年，肯尼亚政府做了一个题为“全新经济增长管理”的报告，把中小企业的发展定为发展的重要策略，并从2000年开始实行各项机制来减少对中小企业发展的制约。肯尼亚对于中小企业有一个专门的法案，即2012年55号法案，该法案提供了一个法律和制度的框架，来促进中小企业的发展，并为对中小企业实行监管提供了政策环境。肯尼亚中小企业发展的过程中也遇到了一些问题和瓶颈：中小企业获得市场信赖和市场信息非常困难、缺乏市场营销能力、缺乏开发细分市场能力、交易成本较高。对此，肯政府在金融融资方面提供一定的支持（如创建青年企业基金和妇女企业基金）。另外还通过国家和一些商业银行的合作，共同创立一些基金，帮助这些人获得他们所需要的支持。2012年肯尼亚出台了国家科技创新研发法案。此外，肯尼亚政府还创建了很多的小型金融机构和移动银行，帮助中小企业解决资金问题。在教育方面，肯尼亚政府专门推出年轻人的理工大学这样一个项目，主要是培训年轻的就业者，这也是鼓励年轻人自主创业的良好机制。

（二）为中小企业发展提供金融支持。财政部亚太财经与发展中心的彭润中处长就中国中小企业融资方面的一些经验与大家进行了分享。中小企业对中国的经济发展做出了的巨大贡献：中小企业贡献了企业总GDP的60%，企业总就业的75%，还有企业总技术创新的75%。中小企业的数量占中国企业总数超过了99%。融资是制约中国中小企业发展的一个最大的障碍。为了解决中小企业融资难的问题，中国政府做了很多的创新。其中的一项创新是通过债券市场为中小企业提供融资的渠道。从2007年开始发行了中小企业集合债券，这种债券是由几个中小企业联合起来发行，这就避免了单个中小企业由于信用等级比较低而不能在证券市场发债的困难。另外一项是从2012年开始发行的中小企业私募债券，中小企业通过债券市场的融资，加快了规模的扩大。另外中国还有两项创新工具：商业银行发行的中小企业的金融债和国有企业发行的小微企业的扶持债券，为中小企业提供贷款。在发行的过程中，有政府支持的信用担保机构对中小企业的发债进行担保。在中小企业的融资方面，中国还会实行以下措施：1. 扩大银行债券市场和机构融资的规模；2. 为中小企业发行债券提供更多的公共服务，包括信用担保和法律方面；3. 与中小企业发展相关的政府部门要进一步协调。

（三）非洲中小企业：面临问题、进展及金融创新。来自赞比亚商务部产业处的首席经济学家Boiface Kunda先生和大家分享了赞比亚中小企业发展的基本信息和经验。赞比亚是以铜矿产业而著称的，但是过度依赖矿业对于经济的发展是不利的。所以在2010年，赞比亚政府制定了一个着重促进中小企业和商业发展的经济计划，主要内容有：1. 进行大量的能力建设，促进企业创新和科研能力的发展；2. 帮助中小企业获得市场的机遇，获得商业发展的各项服务和融资；3. 通过多种方式帮助中小企业进行抵押，比如用房产、生产的机械、汽车等；4. 赞比亚政府还设立了专门针对中小企业的商业银行和信贷服务，也会针对地区中小企业的发展提供一些量身定制的服务。

（四）中小企业发展的融资支持。包商银行的首席经济学家华而诚先生就包商银行如何为中小企业提供信贷的主题进行了发言。融资对于小微企业来说是一个全球性的问题。包商银行成立于1998年。2005年，包商银行的支持小微型企业技术是跟世界银行和国家开发银行合作的，引进了德国的ABC的技术。从那个时候开始，包商银行把小微企业作为银行最主要的目标客户。目前，包商银行除了对小微型企业做贷款业务，还提供了以下四项服务：1. 根据商圈和产业模式来批量开展小微型企业金融服务；2. 为小微型企业提供财务管理；3. 通过发展产业链金融来提高小微型企业的价值；4. 适应客户的互联网生活方式，积极发展网上银行和电子商务。

三位嘉宾对上述发言进行了点评，国务院发展研究中心企业研究所陈小红所长认为中小企业政策制订要从国情出发，与时俱进，不断完善。中小企业的发展需要与市场和政府政策相结合。政策要根据中小企业的发展方向分类指导中小企业的发展。联合国开发计划署非洲局政策顾问Angela Lusigi女士认为：应该研究如何把中小企业政策和社会福利政策联系在一起，在发展的过程中应注重地区之间的差异，降低中小企业的发展成本，应为中小企业的发展提供相关培训，提高劳动力的素质和水平。佛得角圣维森特岛农村发展部研究和政策分析副主任Janaina Almeida女士介绍了佛得角中小企业的发展。佛得角创建了专门为与农业产业相关的中小企业服务的融资银行；专门建立了针对中小企业的观察机制，研究政治经济政策和中小企业发展的关系；根据中小企业的需求制订政策。

三、坚持以人为本、可持续发展、促进就业、发展中小企业及减贫

（一）非洲中小企业发展与就业促进。来自于博茨瓦纳副总统办公室常秘John Mothibi先生介绍了博茨瓦纳通过发展中小企业来进行减贫的基本情况。博茨瓦纳正在实行两个计划：一个是减贫计划，一个是经济多样化计划。主要面对的是收入最低的人群和小规模的经济体以及小微企业的发展，博政府希望发展小微型企业促进就业。博茨瓦纳政府和博茨瓦纳巴克莱分行合作建立农产品加工中心，并和安格罗美洲银行进行合作，来推动博茨瓦纳中小企业的生产力和整体的竞争力。

埃塞俄比亚中小企业联合会的Gebremeskel Challa Motalo先生介绍了埃塞中小企业发展的情况。在埃塞吸收就业的主要行业是农业。在过去十年中，埃塞制订了小微企业和中小型企业的战略，中小企业的发展计划是埃塞所非常重视的发展计划，它主要是由政府来引导中小企业的发展。埃政府试

图给中小企业提供工作领域上的各种指导，同时帮助他们进行市场营销及向他们提供咨询服务，以帮助中小企业的发展。另外，政府计划在全国各个层面建立起中小企业的发展服务机构，还要求每个产业部门制定他们自身的中小企业发展计划以及支持框架，并且还要建立起中小企业发展的相关联席会议。在中央层面和地方层面，要协调各个部委、署之间的活动，除此之外还要设立创业中心，支持产业部门的创业项目。但现在中小企业的发展也面临着很多的挑战，而且中小型企业所做出的贡献远没有达到预期。埃政府目前已出台一系列的政府文件来促进就业，并且增强中小企业的活力。微小企业还需要受到特殊的关注和支持，在这个过程当中，国家和国际组织机构可以发挥更大的作用。

（二）中国民营企业进入非洲的现状、特点及对策。浙江师范大学非洲研究院的刘青海女士和大家分享了中国民营企业在非洲的现状、特点。刘青海的发言基于她在非洲做的调研。第一个调研是中国浙江省金华市的一些民营企业的对非投资的意向。调查发现：1. 92%的被调查企业对非洲都很感兴趣，有意到非洲来投资；2. 企业倾向的投资行业中，制造业占45%，房产建筑业占17%，农业占12%。刘青海后来的研究发现，企业实际投资的行业与它原来计划投资的行业有很大的区别，其中餐饮服务业区别最大。调查的时候没有企业打算投资餐饮业，但是被调查企业中有41%的企业现在在非洲从事的是餐饮服务业。制造业计划投资和实际投资比例都很大，分别占45%和33%。其他的行业，像农业、房产建筑业、教育、金融、娱乐行业，虽然也有一定比例企业计划投资，但实际上很少甚至没有企业投入。从投资效益情况来看，有62%的企业投资效益在良好以上，对投资效益很不满意的企业是零。基于企业计划投资的行业与实际投资的行业存在巨大的差别，刘青海建议政府部门应该加强相关信息的收集与发布。企业最希望得到的支持一是风险担保，尤其是针对非洲国家的政治风险；二是企业希望有法律来保障他们的安全，三是资金支持，四是人才支持。

第二个调查是中国在非从事批发零售民营企业投资的情况，调查是在南非约翰内斯堡对中国商铺小企业进行的调查，调查对象是100位。这些企业面临的主要问题是华人之间恶性竞争比较厉害，在当地语言不通以及安全得不到保障。总体来看，中国在非民营企业有一些共同的特征：1. 他们的经营轨迹一般都是首先开一些商店，做一些贸易，在熟悉情况之后再去投资办厂；2. 逐步趋于理性经营，他们在做投资之前会做很多咨询和调查工作；3. 与在非国有企业相反，民营企业在经营活动中更多雇佣了当地劳动力；4. 民营企业要面对更多的挑战，最重要的挑战就是他们对当地的语言、文化、市场信息都不够了解，使得他们难以捕捉到合适的市场机会。

刘女士基于以上调查提出了几点建议：1. 在政府层面要进一步提高对非洲研究的支持，以加强对非洲的了解和认识；2. 企业要将社会责任意识及早融入到非洲经营的各个环节，并且要进行高调宣传，起到示范效应；3. 建设具有非洲视野的企业文化，主动与当地的社区、媒体、非政府组织沟通和交流，让当地人民了解你。

（三）中小企业发展与减贫。尼日利亚中小企业发展署副主任Monday Aluuewans先生分析了尼日利亚中小企业的发展以及减贫问题。尼政府在青年就业方面制订了很多计划，国家有专门针对中小企业和青年的扶持政策，而且计划对劳动力密集型的中小企业进行投资和补贴以及提供各项的服务。尼在首都阿布贾地区培训了大概7万多名青年人，还帮助1700多位青年人开始了自己创业的过程。尼还专门制订了一个青年企业家创新计划，给很多青年人提供技术方面的培训，而且给他们启动资金，帮助他们开设公司，并且不断地孵化培植这些公司的成长；还帮助这些公司进行人员的招募，这些公司提供了大约十万名工作岗位。尼还专门制订一个针对妇女的就业项目，因为妇女有时候管理企业比男人更适合一些。

中非经济共同体宏观经济学家Tules Touka先生强调非洲有巨大的劳动力数量优势。现在非洲工作人群非常年轻，大概有1亿非洲劳动力是在15~24岁之间，在2045年的时候，这个数据将会翻一倍，因此非洲年轻劳动力储备非常大。所以，非洲在制订中小型企业发展以及经济发展战略的时候，一定要考虑年轻劳动力的问题。

来自莫桑比克规划和发展部政策分析司的Augusta Pechisso女士介绍了莫桑比克中小型企业发展和就业的基本情况。莫桑比克经历了高速的社会经济发展。在过去十年当中，每年的年增长率都达到了7.4%。和平、政治稳定、宏观经济稳定以及社会经济的计划和改革的顺利执行，是保证增长率的秘诀。在莫桑比克，农业是吸收劳动力最多的行业，吸收了72.6%的劳动力。莫桑比克83.2%的农业劳动力是女性，女性是农业的中坚力量。年轻人的平均失业率达到了22.5%，在城市地区这个比例还要高一点。莫中小型企业占据了企业总数的98.7%，吸收了24.1%的劳动力，而且大部分的中小型企业从事的是贸易、餐饮以及住宿业，制造业、农业、建筑业、交通和通讯业比例很低。莫桑比克中小企业所面临的主要问题是在融资的时候缺少抵押以及高利率，而且很难获得大型项目或者政府项目。

四、与浙江民营企业家座谈

在这一环节，来自非洲的各位官员介绍了非洲各国的情况，中国企业谈了企业目前的发展以及面临的问题。

非洲拥有巨大的劳动力市场优势，年轻劳动力储备非常大。目前非洲各国都很重视中小企业的发展，为了解决年轻劳动力失业问题，鼓励发展劳动密集型企业吸纳就业。在中小企业发展过程中面临许多问题，如融资问题、能源问题、道路桥梁等基础设施问题，管理能力问题、品牌问题，及创新问题等。各国虽然都采取相应措施对中小企业进行激励和支持，但仍有很大提升空间。

南部非洲浙商商会会长李家鼎结合自己在非洲十几年的经历，谈了自己的体会。李家鼎认为在非洲从事商品贸易，首先必须要树立品牌意识。在品牌的基础上保证质量，合理定价，创新款式，产品才能畅销。其次必须要尊重当地的风俗习惯和法律。非洲人的需求、标准在不断地提高和改变，产品的生产要根据当地外部环境的变化做出相应调整，南非目前货币的贬值制约了出口企业的发展，所以企业必须要转型升级才能够长远生存。

浙江合大太阳能有限公司总经理侯生中所在企业跟南非及尼日利亚两国确定了贸易合作。侯生中认为中国在全球产业链分工过程中，大量的企业必须外迁，迁到非洲是很必然的一个趋势；浙江是从草根经济、是从小企业发展而来的，目前非洲各种办实体经济的要素资源非常好，大量中国企业转移到非洲，会给企业带来收益，也会带动当地的就业和扶贫，提高当地居民收入。

五、研讨会总结

中国国际扶贫中心副主任黄承伟对为期三天的研讨会从四个方面进行了总结。一是认识和了解中国的减贫和发展经验，需要用普遍性和特殊性相结合的方法。30多年来中国扶贫最核心的经验主要是四个：1. 采取有利于长远的经济增长方式；2. 不断地创新和实施有利于农村、有利于长远发展的政策；3. 实施了有计划、有组织、大规模的专项扶贫开发；4. 不断完善社会保障政策和社会救助制度。

二是如何看浙江的经验：1. 要认识到浙江在减贫发展中的特殊性，浙江是中国发展最快的省份之一；2. 从理论上深化对中小企业促进就业实现减贫的认识。贫困具有多维性、阶段性的特征，这就决定了在不同阶段、在采用某项具体的扶贫政策的时候，要考虑其综合效果；3. 中小企业的发展也呈现出自身的发展规律性，其发展需要有产品剩余、市场需求、产业传统等前提条件；4. 中小企业促进就业实现减贫具有局限性，这种局限性就表现在它的阶段性，任何试图跨越阶段的发展，如果基本条件不满足，都很难实现。

三是中国的经验和浙江安吉经验的核心在于：1. 要极力培养中小企业发展的内生动力，比如浙江改革开放后解放了生产力；2. 要营造形成外部驱动的环境，比如：市场的培育、技术的创新、政策法规的保障、资金的支持；3. 外来经验的本土化。在发展的初期，浙江也引进很多国际的大企业。那么这些新理念、新的管理体系是如何实现本土化的？这也是浙江中小企业发展一个很重要的经验。

四是如何进一步加强合作促进中非的减贫与发展：1. 需要开展深入的联合研究，研究如何进一步来推动合作与发展；2. 联合开展一些小规模的试点，包括政策咨询、合作研究、能力建设、社区示范等；3. 创新发展合作的模式，加强对发展中国家发展经验的借鉴，提高发展合作的有效性。4. 进一步提高双方交流的层次。不仅仅是利用中国国际扶贫中心的交流平台，还要利用其他欧美国家、发展中国家的交流平台，提高交流的针对性。

第五章　2014 年中非减贫与发展会议

——工业发展：非洲和中国的跨区域视角

第一节　会议背景及主要目标

一、会议背景

2013年《非洲经济展望》描绘了非洲经济美好的中短期未来图景。统计数据显示：2013年，非洲经济增长4.8%，2014年将达到5.3%。总体上，这一经济增长基础相对深厚，并得益于农业生产、服务业的强劲增长，石油产量以及资源丰富国家采矿活动的增加。

除预期增长外，在追求繁荣和稳定的过程中，非洲仍面临着较高的不确定性。只有不足五分之一的非洲青年劳动力可以获得有薪水的工作，因此益贫增长的跨领域主题仍然需要嵌入到各部门的区域机制和机构的政策和计划中。但我们应该保持希望。在过去的35年里，中国向其他快速增长的东亚新型工业经济体学习，并保持了接近10%的高经济增速。非洲同样可以做到这一点。特别需要指出的一点是，非洲可以抓住劳动密集型制造业的机遇，这一产业正从中国及其他新兴经济体向非洲迁移。

因此，非洲未来的工业发展不只是从非洲国内外的发展路径中进行选择的结果，而是全球、区域及国家共同努力的结果。在这一过程中，非洲结构转型应有助于包容性及以人为本的发展，这点已经形成共识。为此，需要重新巩固和重塑政策框架，公平和包容性增长也应一直作为议程的重中之重。高层设计的工业转型是十分必须的，因为这可以释放非洲大陆比较优势的潜力并强化同其他各部门的关联。因此，新兴经济体——包括中国在对非合作中将有望扮演一个更加重要的角色。他们可以为非洲工业发展提供理念、策略知识、机遇和发展资金，这将在未来几年中帮助非洲增加就业岗位和开展能力建设。

第二节　会议举办概况

一、会议基本情况

经国务院扶贫办批准，中国国际扶贫中心与非洲联盟、埃塞俄比亚工业部及联合国开发计划署于2014年11月18—20日在埃塞俄比亚首都亚的斯亚贝巴共同主办了第五届中非减贫与发展会议。中方由国务院扶贫办党组成员、行政人事司司长司树杰带队，组成了13人代表团赴埃塞出席了会议及相关活动。

此次会议为期三天，2014年11月18日至19日上午在中方援建的非盟会议中心研讨，11月19日下午赴埃塞俄比亚东方工业园区考察入驻的中国企业，11月20日参加非洲工业化日有关纪念活动。

会议期间，200余名来自非洲和中国的政府官员、专家学者、企业家、非政府组织代表以及国际/区域组织代表就“工业发展：来自中国和非洲的跨区域视角”进行讨论。与会代表一致呼吁进一步加强中国与非洲国家的减贫交流与合作。

主办各方对会议高度重视。埃塞俄比亚总统穆拉图·特肖梅先生（Mulatu Teshome）、中国国务院扶贫办党组成员、行政人事司司长司树杰、非盟委员会贸易工业委员法蒂玛·阿塞尔女士（Fatima Haram Acyl）、中国驻埃塞大使解晓岩、联合国驻埃塞协调员尤金·奥乌苏先生（Eugene Owusu）出席会议开幕式并致辞。

穆拉图总统在致辞中指出：“学习中国工业发展的成功经验至关重要，因为我们无法想象只通过非洲自身的技术路径就能将非洲建设成为统一、繁荣的工业化大陆并实现非洲梦。”

非盟委员会贸工委员法蒂玛表示，中国工业化的成功富有启迪性，非洲希望利用中非之间良好的伙伴关系学习中国经验。她特别引用中国谚语“十年树木，百年树人”，希望中国国际扶贫中心能为非洲国家及非盟提供能力建设相关培训。

中国驻埃塞俄比亚大使解晓岩提出：非洲在经济发展与减贫领域虽也取得进展，但其速度和成效尚不足以如期实现千年发展目标。中国与非洲面临同样的发展目标，愿意与非洲国家分享自身工业发展经验以加速非洲减贫进程。

司树杰司长在致辞中指出：此次会议是落实2014年5月李克强总理访问非盟期间发表的《中国和非洲联盟加强中非减贫合作纲要》的具体行动，中方愿以此次会议为契机，继续加强中非减贫交流与合作，分享经验和知识，共同推进千年发展目标以及2015年后发展进程。

代表团在参会期间，还拜会了中国驻埃塞俄比亚大使解晓岩，了解了中国和埃塞俄比亚合作情况，并与大使探讨了在埃塞俄比亚开展减贫合作的可能性。解大使提出，今年7月，埃塞俄比亚总统访华时，我国领导人提出，支持将埃塞俄比亚建成非洲减贫示范中心。建议国务院扶贫办和中国国际扶贫中心与外交部、财政部、商务部协商如何落实领导人指示，使馆愿意协调在埃塞中资企业参与减贫合作。

此次会议吸引了国内外媒体的高度关注，大力宣传了论坛及中国通过工业化推动减贫的相关经验。据不完全统计，央视新闻（CCTV News）、新华社、中国网、人民网、新浪网、上海日报、苏州评论、非洲评论（Africa Review）、埃塞俄比亚新商业（New Business Ethiopia）、全非网（All Africa）等20余家媒体对会议进行了相关报道，非盟、欧洲发展政策管理中心等区域性机构也在其网站发放了会议新闻和相关链接。

二、启示和建议

第一，参会代表对本次会议工业发展的主题表现出了浓厚兴趣，重视中国的工业化经验，特别是政府在其中发挥的引导作用。非洲代表对于中国在过去30多年保持高增长、迅速实现工业化的经验十分认可，迫切希望学习中国经验，乃至复制中国的成功模式，并实现非洲梦。

建议今后设置中非减贫与发展会议主题时，延续目前的需求导向传统，通过中心的学员网络系统及国际机构合作伙伴，积极采集非洲国家需求，设立相应主题、起草契合非洲需求的相关背景报告。

第二，非洲国家对中国减贫与发展经验的需求已经从泛泛吸取经验，转向希望中国提供具体的针对其发展和转型需求的经验，并对有关经验在非洲落地提供技术支持。

建议在现有与坦桑尼亚和莫桑比克合作基础上，适时考虑在非洲重要战略支点国家埃塞俄比亚开展“四位一体”

（政策咨询、研究培训、能力建设及社区示范）的减贫合作，落实我国领导人提出的帮助其建立减贫示范中心指示，与驻埃塞中资企业合作开展小型农村减贫示范项目，让中国减贫经验落地并增加其可复制性。

第三，通过此次多方合作办会，我们感到，作为区域性国际组织，非盟的协调动员和人员能力有限，行政效率较低；联合国开发计划署（UNDP）等联合国专门机构囿于西方主要捐助国捐赠意愿下降，资源不足，人员和专家能力显著下降。相比之下，埃塞俄比亚政府官员、行政效率以及合作积极性高出很多。但非盟的价值在于其作为非洲大陆政府间国际组织，具有相当的政治影响力，UNDP也可以继续发挥其网络资源和专家优势。

建议在落实《中国和非洲联盟加强中非减贫合作纲要》时，综合考虑各类机构的比较优势。涉及具体项目时，与非洲国家政府开展双边合作，在多边层面多开展交流与宣传，扩大政治影响。

第三节 历届会议主要发现及观点摘要

本届中非减贫与发展会议主要围绕以下三个议题展开讨论和发言的:（1）非洲工业发展的经验、挑战与机遇——

全球、区域及国家视角；(2) 反思中国工业发展的经验教训；(3) 巩固工业发展基础：政策、机制、基础设施及人才发展。

一、非洲工业发展的经验、挑战与机遇——全球、区域及国家视角

内罗毕大学教授Bethuel Kinuthia和北京大学国家发展研究院名誉院长、世界银行前首席经济学家兼高级副行长林毅夫教授围绕“中非工业发展经验”做了主旨演讲。Bethuel Kinuthia教授提到：在过去十年间，非洲经济平均每年增长了5~7%左右，但是贫困、就业难和不公平问题仍然困扰着非洲。对非洲经济结构进行分析可以看出，工业对于经济的贡献率非常小，结构转型非常困难，国民经济正由生产行业向服务业转化。所以，非洲国家需要成立一个工业政策组织来制订有效的工业政策。非洲想要解决存在的社会矛盾，就必须实现工业化，提高工业效率，进行工业园区或者工业集群等工业基础设施的建设，还需要获得统治精英的支持，促进公共和私人部门开展合作。非洲要制定连贯的工业发展政策，与财政政策、货币政策、基础设施投资战略等要保持一致。非洲还需要促进创新和技术转化，提高工业技术的竞争力。在发展过程中，非洲不可忽视可再生能源的开发利用，做好准备，充分应对气候

变化，同时还要充分考虑经济发展的情况和资源优势，确定经济优先发展领域。

林毅夫教授在谈到中国经济发展原因时讲到：20世纪70年代末开始由计划经济向市场经济转型之前，和非洲国家一样，中国已经深陷贫困几百年了。1978年，中国的人均国内生产总值仅为154美元，不足撒哈拉以南非洲国家的三分之一。但改革开放后，中国取得的经济发展成就堪称人类经济史上的一个奇迹。目前，中国已经是一个中等偏上收入国家。2009年，中国超过日本，成为世界第二大经济体，同时取代德国，成为世界最大的出口国。中国政府深刻地认识到，如果一个发展中国家知道如何利用在技术、产业和社会经济制度创新方面的后发优势，就能够以几倍于高收入国家的增长率增长数十年，直到缩小与这些国家的收入差距。1979年邓小平启动经济转型之后，中国采取开放政策，并且开始利用“进口世界上其他国家所知，出口其他国家所需”的潜力。中国国际贸易的快速增长、贸易依存度的大幅上升、以及外商直接投资（FDI）的大量流入，均表明中国开放政策的成功。而且，中国工业制品出口从20世纪80年代、90年代的玩具、纺织品和其他廉价产品升级到2000年之后的高价值的和技术尖端的机械、信息和通讯技术产品。中国利用后发优势使中国成为世界工厂而崭露头角，并通过创新、产业升级和社会经济转型，实现快速持续的经济增长。

非洲战略政策规划局（AUC）Christopher Kachiza先生为大家介绍了非洲“2063年愿景规划”。“2063年愿景”是一项旨在50年内建成地区一体化、和平繁荣新非洲的议程。该规划体现了非洲国家和人民注重发展、期待繁荣、追求幸福的美好愿望，为充满生机和活力的非洲描绘出了一幅宏伟的蓝图，值得非洲人民为将它变成现实而孜孜奋斗，也必将引领非洲步入发展快车道。非洲2063年发展规划将在促进非洲经济多元化和工业化发展、促进技能培养和商业环境变革、释放青年创造力和能量、加大农业和农产品加工转型、实现非洲粮食自给等方面设立多个项目。该规划的第一个十年发展规划明确了在第一个十年中将非洲愿景转变为现实所有利益相关者应该承担的义务和责任。十年发展计划有利于推动非洲发展愿景与区域经济共同体、成员国愿景和计划的结合，促进规划实施的连续性。

二、反思中国工业发展的经验教训

中国农业大学人文与发展学院院长李小云教授围绕“非洲能从中国工业发展中借鉴什么？”的主题进行了发言。他指出中国工业化发展主要经历了三个阶段：1953—1978年，优先发展重工业，追赶发达国家；1979—1999年，兼顾重工业和轻工业发展，同时鼓励私营企业和市场经济的发展；

2000年后，重视重工业和知识经济的发展。中国在短短几十年间由传统的农业国发展成为工业化国家，这与其独特的社会、政治、经济和历史环境有着密切的联系。非洲不可能走同中国一样的道路，但是可以借鉴中国发展中的经验。中国工业化成功实现的关键性因素是国家导向的工业政策。非洲国家现在所面临的挑战是如何重塑国家角色，充分利用国家的政策优势达成发展工业的共识，并集中资源发展工业，最终实现工业化。但这并不意味着任何优先开发的顺序，而是要形成以农业为基础的，一个具有广泛基础的发展战略，以便于连接农业、工业以及服务业，这对劳动力的就业和收入是至关重要的。同时全球工业化转型为非洲工业发展提供了良好的契机，非洲必须抓住机会，发挥比较优势，发展经济。

北京大学国家发展学院余淼杰教授围绕“加工贸易如何推动中国减贫”作了发言。改革开放使中国成为中等收入的发展中国家。作为当今世界经济的重要增长极，中国实现了工业行业内部和行业之间的产业升级。中国企业的生产率也得到大幅提高，出口更多复杂的、差异化明显的产品，包括加工贸易模式下生产的高科技产品。即使在扣除加工贸易的因素后，中国的产业结构依然在30年中有明显的升级换代。比较优势和规模经济效益递增是中国产业不断升级的主要动力。新世纪以来，国际经济格局发生了深刻的变化，中国产业升级所依赖的两股动力（比较优势和规模经济效益递增）不断弱化。为保证产业升级得以继续，企业生产率继续提升，应该赋予改革开放政策以新的时代内涵，由“对内改革，对外开放”向“对外改革，对内开放”转变。对外改革，开发新的贸易伙伴，降低对少数几个发达国家的贸易依存，以分散系统化风险，同时加快建设同周边国家的自由贸易区、调整加工贸易模式。对内开放，破除各地区的贸易壁垒，放开各要素市场，进一步开放产品市场。通过“对外改革、对内开放”政策，为产业升级提供源源不断的动力。非洲工业发展可以借鉴中国发展的模式和经验。

肯尼亚经济学家Peter Gakunu围绕“聚焦经济特区发展：中国和非洲国家的比较研究”进行了发言。建立经济特区对于中国和非洲而言，都面临着相同的机遇和挑战，经济特区的建立有利于经济技术的发展、就业机会的增多、技术转化的加速、基础设施的建设。同时也面临基础设施不足、行政管理薄弱、高投入低生产率的劳动力供给、特区选点不合适等挑战。非洲经济特区的发展主要与国际经济挂钩，由政府开发和管理，依托比较优势，利用美国、欧盟等贸易优惠发展经济特区。从1970年开始，非洲相继建立了加纳、马拉维、坦桑尼亚等经济特区。中国建立经济特区是在1980年中国实行改革开放政策后，首先建立的是深圳、汕头、珠海和厦门4个沿海经济特区。随后，中国陆续建立了其他经济开发区。中国经济特区的建立是由政府主导逐步放权的过程。从非洲和中国经济特区建设的经验中，可以总结出想要建立和发展经济特区，需要做到根据本国以及其他国家地区的成功经验来制定和调整相关政策，政府负责协调土地、建设基础设施和提供优惠政策、招商引资，协调配套服务等。

三、巩固工业发展基础：政策、机制、基础设施及人才发展

国际货币基金驻乌干达高级首代Ana Lucia Coronel女士以“撒哈拉沙漠以南非洲结构变迁的先决条件”为主题作了发言。她从结构转型的衡量标准、如何实现结构转型、结构转型的好处三大方面对结构转型进行了分析。首先，结构转型的衡量标准一般采用平均劳动生产率和产出的多样化。在转型过程中，资源逐步转移到附加值高的行业，比如制造业和服务。其次，结构转型的先决条件包括：良好的经济政策、农业现代化、完善的基础设施和对教育的高投入、人口结构的改变、完善的管理机构。具体来看，好的经济政策能够促使撒哈拉以南非洲经济增长较快，通货膨胀率下降，外债下降。撒哈拉以南非洲外债占GDP的比重从1995年的59%左右下降到2013年的20%左右就是很

好的证明；想要实现农业现代化，促进农业产量增加需要提高化肥使用量，培育良种，改善农业推广服务体系，提高水资源利用率，提高市场准入；基础设施建设方面，要加大对于道路、通讯、能源、水、电、基础教育等方面投入；想要实现人口结构转变，必须抓住机会实现人口转型。现在非洲15~64岁之间人口占总人口的比重从1950年的55%左右预计在2100年增加至65%左右。但是在欧洲、北美洲、大洋洲、亚洲、拉丁美洲，预计该比重在2100年的时候呈现下降趋势，均低于60%。最后，Coronel女士提到，结构转型有利于增强撒哈拉沙漠以南非洲与世界的联系，实现产业增值。结构转型将会降低贸易成本，提高人均GDP，最后实现整体经济增长和降低贫困率。撒哈拉沙漠以南非洲结构转型需要注意的是，加速结构转型的同时兼顾高效，并且结合各个经济体和各种推动力来挖掘结构转型的潜力加速其发展。结构转型将会促进本国经济的整体竞争力，增加居民的幸福指数。

图书在版编目(CIP)数据

中非减贫发展会议五年成果综述. 全2册 / 中国国际扶贫中心主编.
—北京：世界知识出版社，2017.1

书名原文：Africa-China Poverty Reduction and Development Conference

ISBN 978-7-5012-5409-5

Ⅰ.①中… Ⅱ.①中… Ⅲ.①扶贫—国际合作—中国、非洲—文集 Ⅳ.①F125.4 ②F140.54

中国版本图书馆CIP数据核字（2016）第324522号

责任编辑	张迎辉
责任出版	赵　玥
责任校对	马莉娜
书　　名	**中非减贫发展会议五年成果综述. 全2册** Summary Report on China-Africa Poverty Reduction and Development Conference
主　　编	中国国际扶贫中心
出版发行	世界知识出版社
地址邮编	北京市东城区干面胡同51号（100010）
网　　址	www.ishizhi.cn
电　　话	010-65265923（发行） 010-85119023（邮购）
经　　销	新华书店
印　　刷	北京艺堂印刷有限公司
开本印张	880×1230毫米　1/32　10½印张
字　　数	240千字
版次印次	2017年1月第一版　2017年1月第一次印刷
标准书号	ISBN 978-7-5012-5409-5
定　　价	75.00元（全2册）

中非减贫与发展五届会议

综述报告（下）

中国国际扶贫中心

世界知识出版社

目 录

第六章　中非论坛政策建议

第一节　研究介绍

中国在过去30年中实现了快速的经济增长和大规模的减贫，吸引了全世界尤其是非洲的目光。同时，随着中国与非洲在各个领域的合作交流不断深化和拓展，双方对减贫与社会发展领域交流合作的需求也进一步加强，非洲国家对于中国减贫与发展的经验表现出强烈的学习愿望。减贫是中国发展经验的核心部分，为此，自2010年开始，中国国际扶贫中心与联合国开发计划署启动了“中非减贫与发展会议”这一减贫领域高层交流活动。目前已连续举办了五届，举办地在中国和非洲国家间轮换，依次为埃塞俄比亚的斯亚贝巴、中国深圳、坦桑尼亚达拉斯萨拉姆、中国杭州、埃塞俄比亚的斯亚贝巴。

中非减贫与发展会议基于中国减贫与发展的基本经验，立足非洲国家发展与减贫中的实际问题，着眼于通过坦诚的交流对话促进中非在减贫与发展领域的有效合作。会议从第一届交流中非减贫经验到第五届交流中非工业化的发展经验，中非减贫与发展会议涵盖了农业发展与减贫、经济特区与减贫、中小企业发展与减贫等一系列议题。这对于非洲减贫与发展提供了绝佳的学习机会，也促进了中非合作的深化。会议影响范围广，参会人数多，自2010年以来，先后共有约1000位代表参加过中非减贫与发展会议，其中不乏非洲国家首脑，中国与非洲高级别政府官员、专家学者、企业代表、公民社会代表，以及国际和区域组织代表，促进了会议的圆满成功。

本报告高度概括了中非减贫与发展历次会议中形成的主要发现、中国减贫与发展经验教训要点、非洲国家在减贫与发展中取得的进展和面临的主要挑战、中国减贫发展经验对于非洲国家的启示性，并针对今后中非合作发展提出相关政策建议。本报告中如无特殊标注，所有观点均来自于5届中非减贫与发展会议发言内容。

同时，本报告还整理了历届会议参会代表名单、会议日程和新闻媒体报道。

第二节　中非减贫与发展会议研讨中形成的主要发现

在中非减贫与发展会议中，参会代表主要围绕中国发展减贫的经验，非洲发展的现状及困境，以及非洲今后该如何发展、中非该如何和深化合作提出了自己的见解。按照会议召开的时间顺序，5届中非减贫与发展会议形成的主要发现如下。

2010年，第一届中非减贫与发展会议在埃塞俄比亚亚的斯亚贝巴举办，这次会议主要是围绕减贫与发展展开讨论。中国是世界减贫和转型经验的主要贡献者，中国成功的减贫经验与成就受到了非洲国家的高度关注。会议中，中方代表团全面系统、真实客观地阐述了中国减贫与发展的经验和成就，国外学者也纷纷提出了自己的观点。中国在减贫方面取得的成就，主要得益于在改革的初期优先发展农业。在中国，农业种植没有土地租金，农业生产全部收入归农民所有，加之土地平均分配使得收益平均化、农业基础设施不断完善、农产品价格不断上涨等原因，使中国的农业有了很大发展与提高。中国90%以上的贫困人口在农村，农业的发展使得大量的人口脱贫，而发展城市和工业对于减贫贡献不到20%，减贫效果也不显著。同时，中国在改革开放后就加大对基础设施的建设，直接刺激了宏观经济的增长，并通过提供非农工作机会来提高贫困人口的经济收入。所以，经济的增长和贫困人口的劳动力流动是减贫与发展的重要一环。此外，中国的减贫与发展还得益于减贫项目的持续实施、工业化城市化程度不断提升、实行改革开放战略、建立经济特区和高新技术区、鼓励乡镇企业发展等。接着，与会者对于非洲发展与减贫提出了建议，非洲必须重视发展农业，有必要将农业定义为下一个崛起的力量。这是因为在非洲大多数国家中，农业占国内生产总值的25%以上，国内20%的企业为农业综合企业，农业具有很高的乘数效应，这意味着对农业的投资可以产生很高的经济效应和社会回报，对于非洲的减贫发展将会有很大的促进作用。同时，非洲想要转型，必须重视生产力的发展和人力资本的积累，克服基础设施建设中资金和技术缺乏的困难，建立高效的政府，利用政府去推动经济发展。最后，非洲需要捕捉世界新变化，用新的观念和实践去应对全球化的挑战。此次中非减贫与发展会议进一步增进了中非相互了解和新共识的形成，为进一步推动中非国际减贫交流合作打下基础。

2011年，第二届中非减贫与发展会议在中国深圳举办，此次会议主要是探讨经济特区发展与减贫。会议首先分析了中国经济特区发展历程和成功经验，指出中国于上世纪80年代初期在广东省深圳市、珠海市、汕头市，福建省厦门市以及海南省设立了经济特区，对促进我国出口竞争力、投资以及引进先进科学技术和管理经验都产生了显著影响，通过综合性经济增长所带来的减贫效应不可小视。经济特区是中国采取的一项特殊而有效的发展模式，对减贫产生了积极的作用和影响。这主要源于中国经济特区一直坚持以开放促改革、促发展，抓住全球化的机遇，积极利用国内国外两个市场两种资源，大量引进技术管理的经验和人才，不断提升对外开放的水平和质量，不断提升国际竞争力。中国深圳就是中国经济特区发展的典型案例，深圳作为中国最早开放的城市和区域，从一个沿海边陲小镇崛起为一座现代化的大都市，综合经济实力居全国大中城市前列，这得益于在改革开放早期，深圳利用劳动力和土地成本等方面的比较优势，抓住国际产业转移的机遇大力发展“三来一补”加工业，实现了工业的快速发展，在90年代随着科技进步，又转向发展高新技术企业。同时，深圳作为中国改革开放的试验场，坚持市场取向的改革思路，敢闯敢试，成为体制机制创新的先锋地区。深圳在全国率先打破铁饭碗，第一次拍卖土地使用权，创造了许多改革创新的全国第一，最先在全国建立了社会主义市场经济体制的基本框架。此外，深圳还通过健全创新金融服务体系，完善社会公共服务体系等一系列的措施，为深圳的自主创新提供新的支撑。接着，各国参会代表列举了经济特区发展国别案例，分享了非洲经济特区发展的经验。例如多哥坚持以加强政府监管；为经济发展做准备；重视能力建设；和缩小地方贫富差距这4个重要支柱搞发展；尼日利亚建立出口加工区，重视吸引直接投资和国外投资搞发展；中国上海浦东创新城市化模式，把产业功能和城市功能联动起来搞发展等。这些经济创新都促进了本国经济的发展。最后，会议还总结了经济特区发展的三点启示：1. 经济特区的形成和发展有特定的历史条件和特定的背景。2. 经济特区发展到一定的程度，必须最大限度地扩散特区的效应，让特区的效应最大限度地向其他地区，特别是向后发展的地区传递，只有这样才能够发挥经济特区作为改革试验区的作用。3. 经济特区的发展不仅仅在条件好的地区来开展试验，也可以在条件不好的一些后发达地区来进行试验，通过这种特殊政策的集中形成集聚的效应、激化的效应，并逐步向外扩散，这样也可以有效地带动落后地区的发展。

2012年，第三届中非减贫与发展会议在坦桑尼亚达拉斯萨拉姆举办，此次会议主要是围绕农业现代和减贫展开讨论。会议分析了农业发展与减贫之间的关系，提出农业发展对经济增长和减贫有正面影响。中国贫困人口的减少就很大程度依赖于农业的发展，同样农业作为绝大多数非洲国家的经济支柱，对保障国家粮食安全，促进实现千年发展目标具有重要的意义。同时，农业可以通过产业链为从事生产、加工、销售及国际贸易的从业人员提供发展机会。结合中国的发展实践，中国农业实现现代化和转型主要依赖于农业政策的制定、农业基础设施建设、农业技术研究推广、农业产业链和农民组织化，这5个要素对于农业发展与减贫起着关键性的作用，为农业更好地发展提供了设备、技术、人力、财力等多方位的支持。所以，非洲想要降低贫困率，发展经济，就应把发展农业放在优先位置，调动生产者积极性，使公共政策向农业倾斜，逐步实现市场化和贸易自由化。同时，非洲还要加强生产性基础设施建设，发挥科学技术在农业现代化中的作用，推动产学研相结合的机制性设置，夯实发展农业的基础条件；并通过产业链将分散经营的小农经济与市场经济相连接，利用现代农业要素延伸和整合农业产业链，提高农业的组织化程度，使其更好地推动产业链的发展。最后，与会者提出了发展农业和有效促进减贫的建议。如在农业发展过程中，要充分发挥政府的作用，利用好公共政策和投入，加强农业研究和技术推广，有针对性地加大培训力度以提高贫困人口生产经营能力，鼓励贫困人口参与市场化生产和自由市场，积极进行产业结构调整，完善本国的发展战略，从而实现减贫目标。本次会议主题与正在实施的非洲农业综合发展计划相呼应，体现了南南合作的精神，进一步促进了交流、提升了中非认识，增进了彼此友谊。

2013年，第四届中非减贫与发展会议在中国杭州举办，此次会议围绕促进就业可持续发展与减贫展开讨论。会议对中国中小企业的发展和扶贫经验教训进行了总结，指出发展中小企业是就业和减贫工作的关键。发展中小企业可以促进产业结构调整，增加地方就业，改善贫困人民的生活，提升创新和企业家精神，健全当地劳动力技能，促进小城镇发展，并提升经济社会总体发展水平。中国非常重视中小企业的发展，通过对经济发展施加政策影响，使之有利于扩大就业，扶持发展有市场需求的中小微型企业，推动发展具有比较优势和社会需求的劳动密集型企业，促进国内中西部地区到发达地区的跨地区的劳务输出等，中小企业得到极大地发展，推动了中国就业的解决，从而促进了贫困人口的减少。但值得注意的是中小企业促进就业实现减贫具有局限性，这种局限性就表现在它的阶段性，任何试图跨越阶段的发展，如果基本条件不满足，都很难实现。同时，与会者也提到非洲在中小企业发展和就业方面也取得了一定的成效。目前非洲各国都很重视中小企业的发展，主要是为了解决年轻劳动力的失业问题，鼓励发展劳动密集型企业吸纳就业。但是，在中小企业发展过程中仍然面临许多问题，如融资问题、能源问题、道路桥梁等基础设施问题，管理能力问题、品牌问题及创新问题等。各国虽然都采取相应措施对中小企业进行激励和支持，但仍有很大提升空间。所以，进一步加强合作促进中非的减贫与发展很有必要。这就需要中非双方开展深入的联合研究和小规模的试点（包括政策咨询、合作研究、能力建设、社区示范等）。同时，中非双方需要创新发展合作的模式，加强对发展中国家发展经验的借鉴，提高发展合作的有效性，进一步提高双方交流的层次。不仅要利用中国国际扶贫中心的交流平台，还要利用其他欧美国家、发展中国家的交流平台，提高交流的针对性。

2014年，第五届中非减贫与发展会议在埃塞俄比亚亚的斯亚贝巴举办，此次会议主要围绕工业现代化与减贫展开发言和讨论。新中国成立60多年，特别是改革开放后30多年的发展，中国基本上实现了由一个传统农业国向现代工业国的转变。中国工业化的成功富有启迪性，非洲参会代表纷纷表示希望利用中非之间良好的伙伴关系学习中国经验。与会发言者总结中国成功经验时指出，中国政府抓住在技术、产业和社会经济制度创新方面的后发优势，以高于高收入国家几倍的速度持续增长数十年，使中国成为世界工厂而崭露头角，并通过创新、产业升级和社会经济转型，实现快速持续的经济增长和贫困人口的减少。同时，中国的减贫与发展受益于中国的倾向性的工业发展政策，形成了以农业为基础的，链接农业、工业以及服务业的发展链，增加了劳动力的就业机会，提高了收入水平。其中，改革开放战略的实施使中国成为中等收入的发展中国家，使得中国实现了工业行业内部和行业之间的产业升级。中国企业的生产率也得到大幅提高，出口更多复杂的、差异化明显的产品，包括加工贸易模式生产的高科技产品。比较优势和规模经济效益递增是中国产业不断升级的主要动力。在总结和探讨中国工业成功经验的同时，与会代表也为非洲今后的发展提出了宝贵的建议，指出非洲想要解决存在的社会矛盾，就必须实现工业化，提高工业效率，进行工业园区或者工业集群等工业基础设施的建设。还需要获得统治精英的支持，促进公共和私人部门开展合作，制定连贯的工业发展政策，与财政政策、货币政策、基础设施投资战略等要保持一致。最后，非洲还需要促进创新和技术转化，提高工业技术的竞争力，在发展过程中充分考虑经济发展的情况和资源优势，确定经济优先发展领域。

第三节　中国减贫与发展经验教训要点

中国减贫与发展取得傲人成绩并不是一蹴而就的，依靠的是多方共同投入，多领域共同增长。下面就从经济特区、农业、就业、工业4个方面介绍中国减贫与发展的经验教训，从而为世界其他国家，特别是非洲国家减贫与发展提供借鉴。

一、经济特区

中国实施改革开放的30多年来，持续高速经济增长（年均经济增长率在9.5%以上）解决了大量的失业、贫困等问题。根据世界银行报告，中国农村的贫困发生率从1981年的18.5%下降到了2004年的2.8%，农村贫困人口的数量从1.52亿下降到2600万。对计划经济进行全面改革、建设市场经济的制度转变是实现经济快速增长的根本原因，对于中国的扶贫成就至关重要。中国的发展问题归根到底是一个有效经济制度的供给问题。有效经济制度的缺失是社会普遍贫穷的根本性原因。[①] 经济特区是中国在改革开放进程当中，在加快发展的进程当中所采取的一项特殊的发展模式。经济特区发展的最核心的要素就是把各种各样的政策创新放在一个地区开展试验，通过各种政策的改革试验促进这些地区的发展，形成激化的效应，通过这种激化效应的扩散来带动周边地区，带动全国经济的发展。下面从经济特区的发展理念、带动效应、地区发展的不平衡性等

---

① 袁易明:《中国经济特区产业发展路径》，载《深圳大学学报（人文社会科学版）》，2010年第04期。

这几方面具体介绍中国是如何借助经济特区发展经济，从而促进减贫事业的发展及发展过程中应吸取的教训。

（一）发展理念

在从计划经济向市场经济转换的过程当中，有很多问题无法解决，所以中国政府采取了类似经济特区的方式，先发展、先试验，这就给其他的地区、特别是贫困地区带来了一种发展的理念：到底怎么才能够加快发展？如何吸引、利用外资？需要什么样的政策和条件？这些都是通过经济特区这种方式向其他地区做示范。正是有了改革开放建立经济特区的新发展理念，使在有30年计划经济历史同时传统意识形态又占据统治地位的计划经济大国里，以创办经济特区作为冲破传统体制的突破口，在全国范围内逐步完成计划经济向市场经济的转型，从而逐步走向科学发展的道路。并且通过产业的发展创造就业机会，吸收了大量农村地区的劳动力，其中相当部分来自贫困地区。比如深圳市有一千多万的流动人口，大部分是产业工人，产业工人中大部分来自中西部地区。产业工人通过在深圳市就业，有了稳定的工作，提高了收入，这种收入对于西部地区的发展减贫具有带动作用的。同时，这种劳动力就业的示范效应对于西部地区的发展也有示范作用，为贫困地区的劳动力进入城市、进入非农产业起到了一个示范作用，促进了中国减贫事业的发展。

（二）带动效应

在中国经济特区建立与发展中，采取的是非均衡增长，局部突破，带动周边及其他地区发展的战略思想。通过建立经济特区，加快了经济的发展，特区的经济实力不断地提高和增强，就可以帮助落后地区加快发展。比如深圳市发展起来以后，就能够提供资金支持，帮助贵州省的发展，就能够动员更多的企业到贵州省去投资，加快贵州省的发展。通过这种对口的援助和协助，实现一种互动式的发展，有利于缩小贫困地区发展的差距。同时，经济特区通过对政策实施的试验，把成功的政策在全国进行推广，也使贫困地区得益于加快的发展，更有效地帮助穷人。但是，在中国经济特区带动效应发挥作用的同时，由于建立经济特区的地方享受了政策创新的效益，经济特区发展较好较快，这也拉大了这些地区和其他地区的发展差距，给全国的经济发展不平衡增加了推力，不利于贫困地区的发展，在以后的发展中应注意缩小这类差距。

（三）资金利用

在经济特区发展与减贫中有一个很重要的概念就是FDI（外商直接投资），FDI在中国经济特区发展过程当中扮演了一个非常重要的角色，资本是中国在不发达的阶段最缺的发展要素，而FDI恰恰为中国发展提供了最稀缺的资本要素，极大地促进了中国经济的发展与贫困的减少。但是，需要注意的是在第一个发展阶段，政府应该鼓励的不仅仅是FDI，更重要的是要鼓励一种非常灵活的外资形式，既非FDI的资金（加工贸易，也称“三来一补”经济）。出口加工型的工业是吸引低端劳动力的一个很重要的原因，通过去海外寻找市场，很好地解决了贫困问题，特别是在发展初期。在发展的初期，发展重点是一些基本的初级加工工业、轻工业，而不是重工业，更不是高知识密集型和高资本密集型的产品。

（四）科技创新

科技是第一生产力在中国经济特区的建设和发展中得到了很好的印证。例如中国深圳，深圳作为最具创新活力的城市和区域，拥有一批国内领先或有特色的企业，如招商银行、平安保险、万科地产、比亚迪汽车、大族激光等，还有一批世界名牌和自主创新型企业，如华为、中兴通讯、中集等品牌和高新技术企业。这主要是源于深圳坚持科技是第一生产力，使其成为首个国家创新型城市。在产业基础薄弱、科技力量不强的背景下，依托企业为主体，探索出从中端产品逐步向上游研发的这样一个创新路径，形成了引进、消化、吸收再创新的自主创新模式。深圳这个时期自主创新最鲜明的标志就是四个“90%”：90%的研发人员在企业，90%的研发机构在企业，90%的研发经费在企业，90%的专利申请来自企业。此外，深圳还通过健全创新金融服务体系，完善社会公共服务体系等一系列的措施，为深圳的自主创新提供新的支撑。中国经济特区的快速发展离不开企业技术和制度的不断创新。

二、农业

经过30多年的发展，中国农业实现了历史性的跨越，农业生产持续发展，农村经济全面繁荣，农民生活显著改善，而中国90%以上的贫困人口集中在农村，农业的发展使得大量的人口脱贫，中国贫困人口由1980年的80%左右，下降到2005年达到15%左右。其中，农业政策在反贫困中发挥着很重要的作用，这主要源于农业税免除和农民接受直接补贴可以增加农民收入，减轻贫困人口的负担，同时，农业社会服务体系和健康保障体系日趋完善也在很大程度上提高了贫困人口的生活质量，促进了中国减贫事业的发展。下面就从农业政策及制定过程、农业基础设施建设、农业技术研究推广、农业产业链和农民的组织化这四方面具体介绍中国是如何借助这些手段发展农业，从而促进减贫事业发展。

（一）农业政策

中国经济的成功在很大程度上依赖于农业的成功，农业成功又在很大程度上依赖于政策的成功。中国实行的是共产党领导下的多党合作制，政府和政党在政策制定和执行过程中有明显的优越性、权威性和强制性。所以中国农业政策常常以党或政府文件的形式出台，时间短、效率高，同时兼顾长远目标与眼前需要、市场机制与政府作用以及普惠性与特惠性这三方面，农业政策的实施往往会取得很大的成效。其中，中国实施土地政策使得2.5亿农户取代400多万个生产队，成为农业生产经营的主体，使得农业增长的利益平均分配；实施流通政策使得农产品和农资全部市场化；实行税费政策，取消农业税，使农业收入的全部都归农民所有；实施农业补贴政策，2011年补贴达到1406亿元；实施投入政策，使得农业支出占国家财政支出的9%左右；实施计划生育政策使得中国的人口得到严格控制，人均收入得到提高。这些政策的实施在使中国农业走向现代化的同时也推进了中国工业化、城镇化的发展。但是，中国农业发展虽然取得了一定的成功，但是也面临一些困难。中国在今后的发展需要不断总结发展经验，始终把发展农业放在优先位置，充分调动生产者积极性，同时确保公共政策向农业倾斜，逐步实现更充分的农业市场化和贸易自由化。

（二）基础设施

中国从1978年开始加强对基础设施的建设，在近30年里，中国道路的建设长度就增加了近3倍左右。同时，中国还充分利用援助资金发展基础设施建设，将高达30%左右的世界银行援助资金投入到铁路和其他交通建设中。此外，中国以占世界6%的水资源量和9%的可耕地，解决了占世界20%人口的温饱问题，灌溉农业功不可没。灌溉农业的成功得益于完善的水利工程建设。中国的大中型灌溉区分别有434、1500多处。完善的水利工程建设离不开党中央的高度重视，政府为了促进灌溉农业的发展，制定了一系列灌溉排水发展战略和行动计划，完善了灌排体系，提高了粮食综合生产能力。总之，中国加强基础设施的建设，创造了更多的就业机会，提高了人民的收入和生活水平。所以，中国在今后的发展中，要继续重视基础设施的建设，为中国经济的发展创造更好的条件。

（三）农技推广

在农业发展过程中，中国推广体系采取的是以政府主办的国家农业技术推广机构为主体、农业科研、教育、企业广泛参与的政府主导的模式。中国农业推广机构属于国家事业单位，乡和乡以上依附各级行政机构、分行业（专业）设置的事业型推广体系。中国农技推广成功的经验在于对于重大农业技术推广通常都采取政府立项的方式进行，并通过项目推动、商品基地建设、展示示范、技物结合、田间学校等具体环节对农业技术进行推广。农技推广的费用主要来源于中央和地方政府投入、自筹资金（有偿服务），从不同部门申请项目（例如农业部、财政部、科技部和国外援助等）这三方面，从而保障了农技推广的成功实施。

（四）农业产业链和农民的组织化

农业产业链和农民的组织化在推动中国农业现代化中起着非常重要的作用。中国实行的“农超对接”就是延长农业产业链的一种方式，打破了中国传统农产品供应经历农民—中间人—批发商—批发市场—超市供应商—超市6个环节，解决了耗时长、农民利润低的困境，减少中间环节，大大提高了农民的收入。在农超对接中，超市和政府都发挥着重要的作用。政府为合作社提供大量培训，用项目支持农民合作社同超市之间展开合作，帮助合作社与超市取得联系和解决超市和合作社之间的问题。超市将农产品的收购价提高10%，支持农民合作社的发展，通过培训改善农民的种植技术，在农民中树立农产品质量标准的概念。农超对接意味着农产品供应中间环节全部省略，形成农民和超市直接对接，各自收益将增加10%~15%，将极大地促进农民增收。目前，中国形成了以公益性服务为主体、以经营性服务为补充的农业农村社会化服务体系，主要包括农技推广、农业产业化经营、农民专业合作社和农村经营管理体系，保障了农民日常农业生产，极大地促进了农业产出的增加。

三、就业

经过多年的改革开放，中国在发展和减贫方面取得了举世瞩目的成就，成为最早提前实现联合国千年发展目标中贫困人口减半的发展中国家。中国成功减贫的一条重要经验是，通过发展中小企业促进就业，有效缓解贫困。发展中小企业有利于扩大就业，提高收入水平，提升创新和企业家精神，促进小城镇兴起和繁荣，从而推动经济社会全面发展。根据中国国家统计局的数据，农民收入结构中，工资性收入占纯收入的比重，从1985年的18%上升到2012年的43.6%；进城务工人员数量达2.6亿人；城市登记失业率保持在4%左右。中小企业占中国现有企业数量的98%以上，新产品的75%，发明专利的65%，GDP的60%，税收的50%，新增就业岗位的85%，极大促进了中国的就业减贫事业的发展。以下就从就业政策及发展过程、中小企业政策及其发展历程和中小企业的发展融资支持这三方面具体介绍中国是如何借助这些手段发展中小企业，从而推动减贫事业发展。

（一）就业政策

中国政府的执政理念是“以人为本”，就业是保障和改善民生的头等大事。中国政府在十二五规划中明确将实现充分就业作为经济社会发展的优先目标，贯彻劳动者自主就业，市场调节就业，政府促进就业和鼓励创业的就业方针。中国政府借鉴和吸收了国际上先进的就业工作理念和政策内容，结合中国实际制定和实施了积极的就业政策。相对于单一的政策，积极的就业政策是作为系统工程来发挥作用的：第一是通过政策扶持发展有市场需求的中小微型企业，推动发展具有比较优势和社会需求的劳动密集型企业。第二个是通过对劳动者自主创业、灵活就业给予政策支持，调动他们自主创业和就业的能动性。第三是通过对企业的用人给予政策引导，使企业愿意更多地吸纳就业人员。第四是通过对困难群体加大政策扶持，帮助他们摆脱失业困境。第五是通过对市场供求匹配施加影响，强化公共就业服务。第六是提高劳动者素质，形成面向全体劳动者的培训制度。第七是对失业进行预防和调控。第八是通过对社会保障制度的进一步完善，使之与促进就业形成联动。中国实施积极就业政策和就业促进法，也促进了中国就业取得巨大的进步

（二）中小企业

中小企业对中国的经济发展做出了的巨大贡献：中小企业贡献了企业总GDP的60%，企业总就业的75%，还有企业总技术创新的75%。中小企业的数量占中国企业总数超过了99%。发展中小企业是就业和减贫工作的关键，中非在这点上有共同的认识。发展中小企业将促进产业结构

调整，塑造中非城乡面貌。中国抓住发展中小企业解决就业的契机，大力发展中小企业。例如中国浙江，浙江是中国中小企业发展大省。目前，浙江大约有85%的劳动力就业、75%的工业产值、65%的财政税收由中小企业创造。浙江发展中小企业起步早、发展快，成效非常明显，主要有以下几个特点：产业以加工制造和服务业为主、企业经营规模以小为主，企业经营方式以民营为主和企业产品以外贸出口为主。所以发展中小企业需要做到如下几点：要极力培养中小企业发展的内生动力，比如浙江改革开放后解放了生产力；要营造形成外部驱动的环境，比如：市场的培育、技术的创新、政策法规的保障、资金的支持；外来经验的本土化。

（三）金融支持

中国的中小企业面临着融资的困境，融资是制约中国中小企业发展最大的障碍。为了解决中小企业融资难的问题，中国政府做了很多的创新。其中的一项创新是通过债券市场为中小企业提供了融资的渠道。从2007年开始发行了中小企业集合债券，这种债券是由几个中小企业联合起来发行，这就避免了单个中小企业由于信用等级比较低而不能在证券市场发债的困难。另外一项是从2012年开始发行的中小企业私募债券，中小企业通过债券市场的融资，加快了规模的扩大。另外中国还有两项创新工具：商业银行发行的中小企业的金融债和国有企业发行的小微企业的扶持债券（通过银行为中小企业提供贷款）。在发行的过程中，有政府支持的信用担保机构对中小企业的发债进行担保。未来，中国政府应该继续扩大银行债券市场和机构融资的规模，为中小企业发行债券提供更多的公共服务，包括信用担保和法律方面的服务，与中小企业发展相关的政府部门要进一步协调，优化中小企业的发展环境。

四、工业

新中国成立60多年，特别是改革开放30多年的发展，中国基本上实现了由一个传统农业国向现代工业国的转变，建立了独立的、比较完整的、有相当规模和技术水平的工业体系，被称为“世界工厂”，对本国乃至世界的经济增长做出了贡献。同时，中国工业化吸收了大量的农村劳动力，一方面有利于农村剩余劳动力生产率的提高，另一方面有利于转移出的劳动力收入的增加，从而降低了中国贫困人口，为中国减贫作出了重要贡献。中国工业发展速度之快、取得的成就之大，其原因主要有以下几个方面：依靠政府主导制定工业政策，始终坚持以农业发展为基础，产业不断升级以及坚持技术创新和人才储备。以下从这四个方面具体介绍中国工业发展和减贫的基本经验。

（一）工业政策

在1979年开始从计划经济向市场经济转型并奇迹般地崛起之前，与其他许多发展中国家一样，中国曾经陷于贫困落后境况几百年。在转型过程中，中国没有遵循西方主流经济发展路径。相反地，中国一方面实施双轨制，为原有的产业提供转型期保护和补贴，另一方面放开了转型前受抑制却具备比较优势的新产业的准入。同时，中国兴办经济特区和工业园区，以克服基础设施和商业环境总体较差的困难，从东亚新兴工业化经济体和其他高收入国家积极吸引劳动密集型制造业转移到中国的经济特区和工业园区。这一务实方式使中国在基础设施和商业环境总体较差的状况下既保持了稳定，又实现了奇迹般的增长，成为了“世界工厂”。这都得益于中国政府因地制宜地采取正确的工业政策带来的结果。

（二）发展农业

中国的工业化是建立在农业发展基础之上的，农业对工业的发展有着不可替代的作用，中国启动工业化的资金就主要依靠国内农业剩余的积累而来。中国通过早期实行农业集体化和农产品统购统销制度，迅速积累起工业化所需要的资金。同时，充足且高质量的农业劳动力为中国轻工业发展提供了人力基础，相对充足的农业食品维持了人民的低成本开支，使人们可以接受较低的工业工资。最重要的是中国政府一直高度重视农业发展，不仅通过政策、法律等强调农业的基础地位，还实施了很多具体政策例如土地政策、农业合作社、税费改革等。所以中国工业化发展的重要经验之一是坚持农业的基础地位，利用农业促进工业发展，工业发展到一定程度又来反哺农业，最终实现工业化。需要注意的是实现工业化并不意味着任何优先开发顺序，而是要形成以农业为基础的、一个具有广泛基础的发展战略，可以链接农业、工业以及服务业，这对劳动力的就业和收入是至关重要的。

（三）产业升级

作为当今世界经济的重要增长极，中国实现了工业行业内部和行业之间的产业升级。中国企业的生产率也得到大幅提高，出口更多复杂的、差异化明显的产品，包括加工贸易模式下生产的高科技产品。在改革开放30年中，即使在扣除加工贸易的因素后，中国的产业结构依然有明显的升级换代。具备比较优势和规模经济效益递增是中国产业不断升级的主要动力。新世纪以来，国际经济格局发生了深刻的变化，中国产业升级所倚赖的两股动力（比较优势和规模经济递增）不断弱化。为保证产业升级得以继续，企业生产率持续提升，应该赋予改革开放政策以新的时代内涵，由“对内改革，对外开放”向“对外改革，对内开放”转变。

（四）技术创新和人才培养

工业化是一个用科学发现和技术发明不断推动产业发展的过程。科学技术的进步不仅使工业生产手段不断革新，而且使工业发展空间日益拓宽。中国工业化过程之中技术、知识的创新有三个特点，第一是国家发挥主导作用；第二是依靠国外的技术引进；第三是社会激励，即国家设置一系列的激励机制鼓励科技创新。具体来看，国家发挥主导作用表现在中国1956年制定了第一个科学技术发展十年规划《全国科学技术发展远景规划》后，就没有停止政策支持工业发展的脚步；进口、出口和FDI这几种直接和间接技术引进方式仍然是近几十年以来我国技术创新的主要来源，中国的自主创新仍然还有漫长的道路；国家对于科技创新主要采取的是社会激励为主，经济激励为辅的策略。中国从改革开放开始，注重人才的培养和积累，提出“人才强国战略”，“尊重知识、尊重人才”的重要指导方针，“长江学者奖励计划”等一系列关于人才的政策方针，培养和吸引了大批人才助力中国工业的发展。

五、扶贫

中国减贫与发展离不开各行各业的快速发展。经济特区的建设、农业现代化、中小企业的发展、工业化都极大地促进了中国人均收入水平的提高和贫困人口的减少。中国减贫有自己独特之处，下面就扶贫战略、关注农村发展、改变经济发展战略3个方面介绍中国扶贫发展的经验。

（一）扶贫战略

中国在扶贫当中采用的是一种专项扶贫、社会扶贫和行业扶贫三位一体相结合的“大扶贫”战略，这是中国的一个很有特色的扶贫模式，所谓专项扶贫就是中央财政和各级财政拿出专项的预算，针对特定的贫困地区、贫困人群实行专门的扶持，因为无论是经济增长还是有利穷人发展的政策，它的基本特点都是普惠性的，都是针对所有的中国人民。在中国专项扶贫主要采用3种方式进行，第一个就是以村为单元，综合性地改变一个村的贫困面貌，包括他的基础设施，教育、卫生、生产、生活条件，以及农民素质的提高。第二种方式就是移民搬迁，实行自愿原则，把他们搬到有条件的地方去发展。第三个主要的措施，我们实施了劳动力转移培训的计划。为贫困地区的人们进行培训，提高他们的就业能力，使他们能够进入深圳这类的城市，进入工业找到的工作能够有比较稳定的收入。

行业扶贫就是要求每一个行业（如农业、水利、林业、交通、教育、卫生等等）都完成一定的扶贫任务，在扶贫任务确定过程中，要把贫困地区穷人的利益和未来发展作为优先考虑的因素。中国所有的国家部委都有属于自己工作领域内的扶贫任务，支持重点贫困县的发展，使其脱贫致富，即行业扶贫。

社会扶贫，即政府通过动员社会各种资源参与扶贫，从而可以更好地集中资源帮助贫困地区和贫困人口的发展。例如，在社会扶贫中，各种各样的社会组织、非政府组织在帮助贫困地区减贫中发挥了很重要的作用。在中国的社会扶贫中，有一个非常具有中国特色的方式就是东部地区帮助西部地区发展，这源于中国东部发展较快，西部地区由于其地理位置、资源等方面的限制因素发展较为缓慢。在中国地域广袤、各区域发展不平衡的情况下，为了使各区域较为平衡地发展，中国政府建立了“东西互助”机制，在劳动力安置、人才培训和企业投资等方面，使得东部地区发展较快较好的省市去帮助西部发展较慢较穷的省和自治区。例如，深圳是东部发达城市，根据国家政策安排对口帮助贵州省，深圳每一年都会给予一定的资金帮助贵州开展扶贫工作。通过这种“大扶贫”战略，有助于缩小全国各地发展的差距，这也是中国扶贫的一个重要特色。

（二）关注农村

特别是近十年来，中国实施了一系列有利于农村地区、有利于贫困人口发展的政策，包括教育，我们实施了免费的义务教育；实行了“新型农村合作医疗制度”，让大多数的穷人能够看得起病。实行农村合作医疗给农民特别是穷人出资的部分国家给予最大限度的扶持和资助；在农村实行了最低的生活保障制度，从2007年开始在全国全面实施，对在生存感到困难的家庭给予补助；对农村农业生产给予补贴，包括使用粮种，包括使用农机具，也包括一些特殊的作物，比如说粮食作物；加大了基础设施建设的投入力度，这些地区大部分分布在贫困地区和西部，改善了贫困地区和落后地区的基础设施的环境。这些政策显示了政府对于农村地区的高度关注，使得农村地区经济得到了一定的改善，极大地促进中国减贫事业的发展。

（三）增长方式

不断改变经济增长方式，让经济增长成果为更多的成员受益，这是中国在过去32年改革开放当中一直在追求和一直在推动的一个基本的经验。在经济增长的过程当中，中国注重不断调整经济增长的方式，让更多的利益为最广大的人民分享。首先，从农村开始改革，农村的改革为居住在广大农村的人民解放了生产力，农副产品极大地丰富，使贫困人口从1978年的2.5亿下降到1985年的1.25亿。随后，中国又开展了一系列的经济改革，实施政府主导的减贫项目，如整村推进、产业发展、设立村级扶贫滚动资金等。执行了改革开放政策，具体措施包括：利用国际发展援助资金扶贫；建立经济特区和高新技术区；鼓励乡镇企业的发展；在项目管理中引进国际招标制度；实施了农户家庭联产承包责任制和中国实行财政分权等。改革趋向是市场经济，但是在改革过程当中同时兼顾改革和发展的效应向人民覆盖。另外，在经济发展过程当中不断地促进中小企业的发展，中小企业的发展吸收了大量的农村劳动力，极大地推进了中国减贫事业的发展。

第四节　非洲国家在减贫与发展中取得的进展和面临的主要挑战

近年来，非洲国家在经济发展方面取得了一定的成绩，非洲政府为经济稳定发展不断努力，从政策上寻找突破口，引导国家经济建设方向，解决经济发展难题，稳定国内就业波动，建立经济特区，鼓励中小企业发展。但是农业依旧是非洲社会经济的基础，工业还不发达。直到今天，非洲经济增长几乎全部依靠资源产品和服务业。非洲国家经济发展水平与速度也参差不齐，但却共同面临着技术缺乏、资金不足、基础设施薄弱、人力资源短缺等问题。这都阻碍了非洲经济的发展，减缓了非洲减贫与发展的脚步。以下将从经济特区、农业、就业和工业4方面具体讲述非洲国家在减贫与发展中取得的进展和面临的主要挑战。

一、经济特区

非洲部分国家也设立了经济特区，带动其国内经济的发展。比如多哥1989年按照立法成立了出口加工区，1989—2010年，对该加工区的总的投资达到了2.9亿美元，出口额达到了25亿美元，一共创造了10516个就业机会；尼日利亚在1999年建立了出口加工区。出口加工区的首要目标就是提高经济发展速度、创造更多的就业机会，以及鼓励出口，尼还为此成立了尼日利亚出口加工区管理局。尼政府非常重视吸引直接投资和国外投资，尤其是在外国投资者和国内的企业之间创建一种公平的竞争环境；莫桑比克在2007年也建立了一个经济特区，是由政府批准建立的，莫政府还建立了法制框架以吸引外资到这个经济特区投资。总体来说，非洲国家设立的经济特区带动了本国经济的发展，但也面临很多挑战，比如：缺乏足够的基础设施去支持投资；缺乏人力资源和合适的劳动力技能，劳动力技能对公司是非常重要的一个因素，政府可以引进很多的投资公司入驻，但当地的劳动力若没有相对应的技能，公司可能也不会长久运行；特区的发展应具备很多相对应的条件，如何选择新的特区进行发展也是一个问题；政府在执行能力方面有问题，缺乏技术创新；缺乏资金资源，目前能够给政府提供财政支援和援助的外部合作伙伴很少。

许多非洲国家的政府预算是非常紧张的，需要得到外部的资助，但政府融资面临很大的困境；缺乏政策的支持，政府制定的政策主要是政治上的表态，缺乏配套的经济政策，而且政策往往太宏观难以与实际情况相符。

二、农业

非洲农业是非洲社会经济的基础，在非洲经济中占很大比重。近些年来，非洲农业取得了一些进步，但是也面临很多挑战。非洲农业的发展主要受限于政策、技术和农民组织这三方面。

农业政策对于引导农业发展有着至关重要的作用。非洲一些国家已经认识到政策的重要性，例如坦桑尼亚为了经济发展制定了“2025愿景规划”。该规划包括了坦桑尼亚每5年的发展规划和经济增长减贫战略（MKUKUTA）。最近的5年发展规划制定了6个目标：推进灌溉设施建设和完善，提高农业投入产出效率，提高农业机械化水平，通过研究培训和更多的农业服务来提高农业科学技术的转化率，促进市场准入，促进农产品深加工和附加值。但是，非洲农业的发展受到外部影响较大，并没有设计出适合本国农业发展的农业计划，煞费苦心制定的农业政策并没有与非洲小规模农业生产体系相结合。同时，非洲也没有加强政府能力建设，政府无法给小规模农业生产提供必要的和有效的帮助。小农成为市场化和私有经济的牺牲者。大多数国家并没有建立统一完善的农业推广体系，农业推广力度小，对农业研发投入比例偏低，加之采用农业技术成本高，收益较小，农技采用率低。所以非洲想要促进农业发展，需要在政策制定和实施过程中，认识到农业政策制定的背景和内容、设立农业发展议程、扬长避短，学习他人的优秀经验、重视发展人力资本和机构能力的重要性，克服挑战，实现农业现代化。

从技术来看，非洲国家现有的农业技术开发和推广机构包括国家农业研究系统（NARS）、RARC、非洲农业研究论坛（FARA）、私有部门等。农业技术开发的内容包含自然资源管理、粮食作物、高经济价值作物、牲畜四方面。但在实际应用中，农民对于这四方面技术的采用率较低，如奶制品技术采用率低于20%，粮食作物约40%，蔬菜技术低于20%，自然资源管理低于20%。非洲想要提高技术应用率，就必须克服技术成本过高、缺少配套基础设施、农民缺乏采用意识、技术采用收益较低等困难。

从农民的组织化程度看，非洲的农民组织有了一定的发展，例如，加纳蔬菜生产出口者协会（VPEAG），加纳海运出口协会（SPEG），加纳农业出口者联盟（FAGE）。这些协会通过培训组织成员，并为其提供信贷和营销服务，使他们能够生产并出口符合国际市场标准的水果和蔬菜；

位于坦桑尼亚莫罗戈罗区的Nyandira和Kinole村农民协会（受到非洲绿色革命联盟的支持）开展的主要业务有储蓄、信贷和营销服务，所以中央银行将其视为一家微型金融机构；在布基纳法索，在德国国际合作公司的支持下，农民团体组成了联合会，并在培训和生产投入方面为农民提供帮助。但是非洲农民组织发展也面临着挑战，包括有些农民组织缺少同质性和团结性，一些组织负责人可能要挟组织进行政治活动，缺少成员的有效参与和民主管理，一些农民组织成了一个准政府而不是农民自治团体，有些组织不注册因此没有取得合法的法律地位等。非洲想要建立起有效的农民组织就必须克服上述困难与挑战。

三、就业

目前非洲各国都很重视中小企业的发展，为了解决年轻劳动力失业问题，鼓励发展劳动密集型企业吸纳就业。例如非洲的喀麦隆、乍得和加蓬在就业方面主要采取了以下措施：一是设立一个专门的政府机构来帮助年轻人就业。二是政府要求很多企业必须要拿出50%的实习岗位给年轻人，并且要给年轻人支付一定的福利报酬。政府对这些企业给予一定的支持和帮助，如税收优惠。三是制定适合当地情况的就业政策，关注整个产业链当中的各个环节对于劳动力的需求，找到劳动力缺口最大的环节。乌干达政府制定了一个青年就业促进计划支持年轻人的创业和就业，通过促进产业发展来带动就业。

非洲各国根据本国情况采取各类措施，在促进青年劳动力就业方面取得了一定的进展。但是非洲国家就业仍然面临着不少困难，一是就业不稳定，二是很多领域没能吸纳充分的劳动力，比如农业、建筑业和制造业。为此非洲各国虽然都采取相应措施发展中小企业吸纳劳动力，对中小企业进行各类激励和支持。但是，中小企业在发展过程中仍面临许多问题，如融资问题、能源问题、道路桥梁等基础设施问题，管理能力问题，品牌问题，及创新问题等。大部分中小企业在融资的时候缺少抵押以及支付不起高利率，很难获得大型项目或者政府项目；而且中小企业获得市场信赖和市场信息非常困难，缺乏市场营销能力，缺乏开发细分市场能力，交易成本较高。

四、工业

非洲作为世界上仅次于亚洲的第二大洲，拥有丰富的自然资源，但非洲的工业化水平却一直处于落后地位。直到今天，非洲经济增长几乎全部依靠资源产品和服务业，工业地位逐渐边缘化。非洲工业附加值对全非生产总值的贡献率不升反降，且非洲工业主要集中在有限几个国家，比如南非、埃及、毛里求斯、突尼斯、摩洛哥和阿尔及利亚等，大部分非洲国家的制造业对国内生产总值的贡献低于15%，有些国家甚至低于5%。非洲想要实现工业化，面临着以下几点挑战：第一，非洲经济结构单一，绝大多数出口产品为附加值较低的资源型产品，经济结构单一还直接导致非洲工业发展缓慢。第二，政策失误也严重阻碍了非洲工业化的发展。在独立后，非洲国家先后接受了西方盛行的现代化理论即强调通过进口替代工业化。为了改变殖民统治遗留下来的畸形经济结构，世界银行和国际货币基金组织为非洲制定了结构调整计划。但是这些方案没有考虑到非洲社会缺乏基本的制度条件以及文化的独特性，导致结构调整计划的实行效果不尽人意，工业没有正真发展起来。另外，社会的多元性，领导的腐败，松散的劳动纪律，缺乏计划与管理，有限的国外流动资本，低程度的储备和投资等诸多不利因素进一步限制了非洲各国工业的发展。非洲想要实现工业化，前提是实现非洲经济的包容性增长，同时非洲需要学会利用政府来解决市场失灵问题和在工业部门进行改革，并制定合适的工业政策来促进工业发展。

第五节　中国减贫发展经验之于非洲国家的启示性

从改革开放以来，中国发生了翻天覆地的变化，这种变化不是一蹴而就的，是中国政府不断制定调整发展政策，加大基础设施建设，充分利用国内国外资本，坚持农业为基础，鼓励中小企业发展，不断发展经济特区的结果，是中国政府和人民自己探索出来的具有中国特色的发展道路。中国的发展经验对于同样是发展中国家的非洲来说，具有很好的借鉴和启示作用。但是，需要注意的是，中国的发展经验教训是基于中国独特的历史文化背景发展而来，非洲国家与中国并不相同，这就需要非洲国家清楚地认识自己的国情，因地制宜地向中国学习减贫与发展经验，自主选择适合自己的发展道路。下文将从制定发展战略和政策、基础设施建设、资本利用、农业发展、中小企业发展和经济特区发展等6方面，阐述中国减贫发展经验之于非洲国家的启示性。

一、制定发展战略政策

中国经济发展之所以走上了具有中国特色的发展道路，

实现经济的飞跃，与国家制定的一系列基于本国国情的发展战略和发展政策密不可分。在农业方面，中国始终坚持把农业发展放在重要位置，通过实行家庭联产承包制、取消农业税、实施农业补贴、加大农业投入和计划生育等政策，促进中国农业的发展。在工业方面，改革开放初期中国通过在沿海建立经济特区使中国由计划经济向市场经济实现转变，并逐渐带动中国其他地区建立市场经济体制。同时实施双轨制，一方面为原有的产业提供转型期保护和补贴，另一方面放开了转型前受抑制却具备比较优势的新产业的准入，有力地推动了中国社会的转型与发展。发展观念的转变使得发展战略不断调整，由最初发展“三来一补”加工工业转型发展高新技术产业，促进中国工业化水平不断提升。同时，还鼓励中小企业的发展，促进了就业问题的解决。同时，中国政府还实施了扶贫发展战略，实施专项扶贫战略是中国扶贫战略的特色之一，很好地促进了贫困地区的发展。

非洲政治体制与中国不同，由于中国实行中国共产党领导的多党合作制，中国政府具有高度的权威性和强制性，有足够的能力领导发展方向，实施战略政策。非洲受到西方国家影响较深，政府能力较弱，虽然有些非洲国家制定了规划愿景、进口替代工业化以及现在的出口加工贸易等在一定程度上促进了国家的发展，但是从根本上没有将农业政策与非洲小农经济相结合，工业发展也没有与当地的资源禀赋相结合，政策的制定没有从本国国情出发。所以，非洲政策的制定必须立足当地实情，在充分调查基础上，制定适合本国发展的战略。非洲也可以学习中国，在一些地区实施特殊的政策，例如中国深圳的特区政策。非洲还可以实施专项扶贫战略，提高贫困地区劳动力的就业技能和素质，使其可以更好地融入较发达地区。

二、完善基础设施建设

中国的发展经验表明加大基础设施的投资可以直接刺激宏观经济的增长，并通过提供非农工作机会来提高贫困人口的经济收入。比如，农田水利灌溉工程的不断建成，工业园区基础设施的不断完善，交通运输不断便利，对于提高农业产出、便利工业商业活动、促进经济发展发挥着举足轻重的作用。中国基础设施的发展离不开政策支持和资金投入，例如：给予基础设施投资的财政支持；降低使用通讯、电力和交通的费用；创造更多的非农就业机会；改革劳动力市场从而促进劳动力更好的迁移等。目前，非洲基础设施建设不足以支持其发展和支持相关投资，发展政策没有明显向基础设施建设倾斜。所以，非洲国家可以加大对基础设施的投资力度，并与吸引外商直接投资和经济特区发展相结合。非洲也可以将发展援助资金更好地利用在基础设施建设方面。

中国已经在非洲35个国家中投资基础设施建设，此外，中国进出口银行单独承诺未来3年内在非洲投资200亿美元，用于基础设施建设和贸易发展。所以，非洲必须充分利用与中国合作的机会，大力发展基础设施建设。

三、利用国内国外资本

在中国改革开放初期，中国资本严重缺乏，中国想要发展就必须抓住一切可能的资本进行经济建设。一方面，中国通过国家开发银行对经济特区的经济进行支持，为工业园区的基础设施建设提供资金；培育了园区内企业之间的合作关系，保障工业园区产业化迅速发展；积极构建创新体系，为提升工业园区提供动力支持；形成了一个强大的信号作用，引导了社会资金的投入。同时，中国经济特别是各类的开发区高速稳定的发展也为开发银行的金融创新和金融支持提供了一个良好的载体。另一方面，中国充分地利用了外商直接投资（FDI）和非外商直接投资（非FDI）2种方式，转型经济结构，促进经济的快速发展。

在非洲的一些国家例如尼日利亚，尼政府对吸引直接投资和国外投资非常重视，尤其是在外国投资者和国内的企业之间创建一种公平的竞争环境。但是，大部分非洲国家处于资金缺乏的困境之中，目前能够给政府提供财政支援和援助的外部合作伙伴很少。许多非洲国家的政府预算是非常紧张的，需要得到外部的资助，政府融资面临很大的困境。非洲正处在经济起飞阶段，亟需资金、技术、能力。而中国进入经济转型期，对产业转移、开发新市场的需求也日益强烈。非洲是要“引进来”，中国是要“走出去”，两者有着强烈的互补性。所以，非洲应该抓住中国“走出去”这一时机，充分利用中国企业、资金、技术等，发展自己的经济。

四、优先农业发展

中国的发展史表明，中国经济的成功得益于农业的发展，而农业的发展得益于农业政策。中国把发展农业放在优先位置，调动生产者积极性，并使公共政策向农业倾斜，逐步实现市场化和贸易自由化。农业通过产业链为从事生产、加工、销售及国际贸易的从业人员提供了发展机会。农业组织化程度的提高也促进了农业的发展。另外，中国建立了以政府为主导，农业科研、教育、企业广泛参与，乡和乡以上依附各级行政机构极力配合的农业推广体系。中国的农业推广通常采取政府立项的方式进行，并通过项目推动、商品基地建设、展示示范、技术和实物结合、田间学校等具体环节将农业技术推广出去，使得中国技术创新的成果能够直接惠及小农。农业的发展为工业的发展奠定了基础，促进了中国工业化进程。非洲作为一个农业大国，发展农业是非洲的必然选择。一些非洲国家也建立农业组织促进农业的生产加工贸易，但是农业组织运作并不理想，民主化程度低，缺少团结性。农业技术推广不到位，农民采用技术成本高，收益小，技术采用率低。加之，非洲农业政策一定程度偏离本国实际国情，使得小农生产者成为市场经济的牺牲者。

非洲想要取得经济方面质和量的增长，就必须将发展农业放在优先发展的位置。借助中非农业合作所建立的推广站、农技示范中心，因地制宜地吸收中国农业发展管理经验和农业技术。同时，利用中国对非招收留学生和培训农业技术人员的契机，将本国农业人员送到中国切切实实学习中国的发展经验，为将来非洲农业的发展提供和储备人力资本。另外，非洲需要建立和完善属于本国的农业推广体系，实现高效的农技推广。政府要联合私有部门、企业、民间组织等支持农业组织的建立和运作，为其提供必要的政策支持和资金援助，从而延长农业产业链，增加农业附加值和生产效益。

五、鼓励中小企业发展

中小企业的发展对于就业和减贫有着重要的作用。融资是制约中国中小企业发展的一个最大的障碍。为了解决中小企业融资难的问题，中国政府做了很多的创新。其中的一项创新是通过债券市场为中小企业提供融资渠道。不仅鼓励本地农民工开办企业成为企业家，还积极鼓励外来的农民工来本地就业和创业。同时，中国还鼓励地方利用本地优势行业来促进本地企业的发展。

非洲部分国家为了解决就业问题，尤其是大量年轻劳动力失业问题，也作了很多努力，如鼓励发展劳动密集型企业吸纳失业人员，同时制定了促进就业的配套政策，鼓励企业多吸纳劳动人员。但是，非洲依旧处于就业不稳定状态，农业、建筑业、制造业等行业吸纳就业人员的能力仍然较弱。中国目前正处于全球产业链重新分工的过程中，大量的企业必须外迁，迁到非洲是很必然的一个趋势。当前非洲各种办实体经济的要素资源非常好，大量中国企业转移到非洲，会给企业带来收益，也会带动非洲当地的就业和扶贫，提高当地居民收入。因此，非洲要利用这个机遇，积极从中国引进劳动密集型企业，促进非洲经济发展和劳动力就业。

六、促进经济特区发展

中国经济特区的建设是实施改革开放后，中国计划经济向市场经济转变的重要突破口，从而使得中国走上具有中国特色的发展道路。经济特区是中国采取的一项特殊而有效的发展模式，对减贫产生了积极的作用和影响。这种模式虽不一定可复制，但在很多方面可以为非洲国家所借鉴。经济特区作为改革开放的试验场，坚持改革思路，敢闯敢试，成为体制机制创新的先锋地区。同时，依托企业为主体，探索出从中端产品逐步向上游研发的这样一个创新路径，形成了引进、消化、吸收再创新的自主创新模式。

非洲撒哈拉以南地区的许多国家已开始学习和试验中国经济特区的产业园、综合性增长极和产业集群等发展战略。非洲可以学习中国经验，在发展的初期，引进很多外资和国际的大企业，因为这些外资和企业带进来的不仅仅是资金、技术，更重要的是管理的理念。中国的发展经验是将这些理念与本地情况相结合，实现本土化，这是非洲国家在学习外来经验时应该要注意的问题。

第六节　政策建议

根据五次中非会议的成果，本报告提出以下政策来加强中非在减贫和发展领域的合作:

一、加强中非在减贫和发展领域的经验交流和分享

中国社会经济发展取得了巨大的成就，引起了国际社会尤其是发展中国家对于中国发展知识经验的极大关注。中国的发展模式并没有照搬照抄西方的发展模式，而是通过自身的努力，边学边干，边改革边学，探究和实践适合自身的发展模式，从而创造出中国发展的奇迹。当下非洲非常渴望学习中国的发展经验知识，中国也非常愿意帮助非洲，与非洲共同发展，合作共赢。随着中非发展合作关系不断深化，中国应该充分利用中国国际扶贫中心的平台、南南合作平台以及其他平台，不仅利用发展中国家的平台，也利用发达国家的国际发展平台，最大限度地传播和分享中国的发展经验，提升中国在国际发展中的影响力和话语权，加强中国的软实力。同时，中国在向非洲传授经验时，应该尊重非洲各国独特的政治文化体系，使得非洲能够将中国的发展经验与本国的国情相结合，找到一条适合非洲发展的道路。

二、中国应系统总结中国的发展知识和经验[①]

中国应系统总结自己的发展经验并把其作为有价值的要素与发达和发展中国家分享，尤其是以下经验很值得其他发展中国家借鉴：

首先，在过去60多年的发展中，前30年探索了国家建设之道，解决了至今仍在困扰大多数发展中国家的土地问题，消除了社会不平等，建立了完整的工业体系。后30年实现了持续的经济高速增长和大规模的减贫。同样从50年代开始探索建立现代国家，并几乎同时开始面向市场的改革，只有中国和其他很少的国家完成了工业化，实现了社会的转型，这不能不引起国际社会的关注。这里的一个重要的经验就是国家和政府的作用。中国的政府不仅仅是为市场提供支持，而是在领导市场和社会。

第二，国有部门的改革经验。在确保公有制为主的条件下，逐步实施改革使得国有企业走向市场竞争，的确是一个有价值的经验。国有经济对于财富分配意义重大。政府直接掌握财富比通过税收获得资源的政治、社会成本要低。许多发展中国家即便是发达国家公共财政资源的匮乏一直都是困扰经济和社会发展的重要原因。一个庞大的国

① 光明网 - 理论频道：李小云《中国能为世界提供什么》，http://theory.gmw.cn/2015-10/27/content_17497316.htm。

有经济体系如何能在一个渐进的过程中逐步改革，从而成为摸索一条适合本国国情的改革路线。

第三，中国通过农业的发展，并基于农业和农村所提供的资本和劳动力，实现工业化和大规模减贫的经验，对于大多数以农业为主的并正在追求工业化的国家具有重要的参考意义。

第四，中国在引进外资和消化先进技术方面极为成功。很多发展中国家甚至发达国家都在推行中国招商引资的经验。

最后，到上世纪50年代，世界上实现工业化的国家主要是西方国家。世界上大多数国家都是从50年代以后开始追求工业化，在这个过程中，发展中国家除了从历史中向发达国家学习之外，并没有现实中可见的实例。中国的发展和转型为发展中国家提供了看得见的经验，这也是为什么尽管中国与发展中国家具有那样的差异，发展中国家仍然对中国的发展经验产生如此大的兴趣的主要原因。还应该指出的是，中国经济社会的迅速转型带来了许多负面的问题，例如腐败、环境破坏、不平等与社会的分化等。中国正在针对这些问题的解决过程也为发展中国家提供了如何应对挑战的经验。

综上所述，中国转型发展的成功将不可避免地为全球发展提供物化的支持与发展的经验，中国应对此加以系统分析和总结。

三、增长驱动模式

非洲有许多国家接受过国外援助，但是这些经济转型仍旧十分困难，贫困人口依旧没有明显减少。其原因在于他们接受的援助模式是西方传统援助模式，这是一种过程驱动型方法，有利于建立西方式民主政治体制、监督受援国对援助资金的使用。但是这种援助模式也会造成援助资金的流向与受援国亟需解决的问题不对应，忽略了受援国的经济增长，使受援国形成外援依赖，无法走上自主发展的道路，陷入受援助—贫困—再受援助—再贫困的恶性循环中。而中国对非洲的援助模式则不同于传统模式，为增长驱动型模式，是将援助、外国直接投资和贸易三者结合，共同建构非洲国家整体发展战略的一种模式。这种援助模式可以促进贸易平衡，拓展中非相互投资领域，扩大基础设施建设，有助于非洲国家提升民生水平。中国援助非洲要坚持增长驱动模式，充分考虑和结合非洲的实际发展情况，在尊重非洲的基础上，与非洲共同在投资、减贫、贸易、农业、基础设施五个关键领域进行合作。

四、促进中非农业合作

非洲土地资源丰富，拥有全球60%的潜在可开垦耕地，且79%的可开垦耕地没有进行耕种，发展潜力巨大。同时，为消除饥饿，减少粮食不安全，非洲国家普遍制定了优惠政策吸引外资投入农业领域。[①] 同时，中国国内的资本不论从国家角度还是民间角度考虑，其存量巨大，在中国国内投资农业的边际效益很低，因此如何有效吸引中国资金进入到非洲农业发展领域，是中非农业经济合作中的一个重要战略问题。[②]

目前，中非农业合作取得了一定的进展，通过一系列中非农业合作项目，中国企业初步探索了按市场经济规律开展境外投资开发的一些经验和做法，既为将来进一步的“中国走出去”做准备，又以中非农业合作为载体促进了非洲当地的经济发展。[③] 但是目前，中国在非洲农业的投资仍然十分有限，仍然有很大的开发空间。

随着中非农业合作的不断深化，在合作时企业、技术专家、相关政策制定者必须对当地情况和需求做详实的了解，尊重非洲当地文化和思维方式，制定适合当地发展的政策，有针对性地进行技术传递和开展商业合作。在技术

---

① 胡魁等:《农业“走出去”背景下中非农业合作前景分析》，载《新疆农垦经济》，2014年第11期。

② 李小云等:《中国农业发展对非洲的启示》，载《西亚非洲》，2011年第08期。

③ 齐顾波等:《中国与非洲国家农业合作的历史与启示》，载《中国农业大学学报（社会科学版）》，2011年第04期。

传递过程中，要注意选取低成本、环境友好、劳动密集型的农业技术向非洲推广，加大对小农户的帮助。在农业合作中，要注意到在非洲的现实国情中青年劳动力占有很大比重，如何吸引非洲年轻劳动力投身农业发展是值得重视的问题。中非农业合作要立足于为非洲年轻人创造更多就业机会，这就需要为他们提供受教育和培训的机会，让他们学习先进的农业技术和创造适合他们的工作岗位。

五、帮助非洲国家加强农业研究与推广支持体系建设

中非农业发展合作的具体方式包括一般物资援助和粮食援助，派出农业技术专家，培训，援建农场，援建试验站，推广站和农业技术示范中心等。对于非洲的农业发展有一定的帮助，但是也出现了一些问题，例如有些推广的技术并不适合非洲当地农业发展实际情况、培训内容并非当地农民最迫切需要知识、技术采用成本高等。由于公益性较强的中国援非农场已经改制成市场化的经营企业，而示范中心将主要依托大学和科研机构或者企业方能运作良好，所以非洲受援国的农业、科技和财政政策都需要针对维持示范中心运作而进行调整和规范。同时，在非洲国家农民技术购买能力不足、国家支持缺位、小农部落化分散的情况下，还需要与非洲国家和地方政府和农村社区以及

非洲大量的国际性和本土性的非政府组织进一步加强协调与合作。这就需要中国和非洲国家政府加大对研究、推广的支持，使中国技术能够有效解决受援国在农业生产中遇到的问题。[①]

六、推动中国劳动密集型中小企业向非洲转移

中国长期以来保持着低成本劳动力的工业模式，中国将劳动力数量的优势转化成了工业化的资本，从而避免通过大规模的举债来发展工业化，这对于正在起步工业化的许多国家来讲都值得参考。随着中国人口结构的变化，中国劳动力的成本正在逐年增高，对此，中国将会让出大量的劳动密集产业的空间。中国从20世纪80年代开始依靠劳动力的数量优势，积极吸纳了从发达国家和地区转移的劳动密集产业，中国吸纳劳动密集产业的经验也是中国与发展中国家分享的重要内容。[②]

中小企业通过解决劳动力就业从而促进减贫与发展的成效非常显著。非洲在现阶段缺乏经济、技术，需要“引进来”，而中国产业转移、开发新市场的需求也日益强烈，

① 李小云等:《中国农业发展对非洲的启示》，载《西亚非洲》，2011年第08期。

② 光明网 - 理论频道：李小云《中国能为世界提供什么》，http://theory.gmw.cn/2015-10/27/content_17497316.htm

需要“走出去”，中国中小企业走出去到非洲就是大势所趋。所以，中国在政府层面要进一步加强对非洲研究的支持，以加深对非洲的了解和认识，为到非洲的企业提供一些风险担保（尤其是针对非洲国家的政治风险）和资金支持。中国还应要求非洲政府也为中方企业提供必要的法律保护和政策支持。

还要教育中方企业将社会责任意识及早融入到非洲经营的各个环节，并且要进行高调宣传，起到示范效应。同时，建设具有非洲视野的企业文化，主动与当地的社区、媒体、非政府组织沟通和交流，让当地人民了解中国企业。中国企业之间也应该尽量避免企业之间的恶意竞争。

七、帮助非洲建立产业园区或经济特区

建立工业园区和经济特区，对于克服经济发展过程中基础设施薄弱、投资环境恶劣、商业环境差有非常显著的效果，中国工业园区和经济特区的发展经验就可以很好地证明。所以，非洲应该正视以往政策的失误之处，将其有限的资源和行政能力策略性地、务实地用于建设必要的基础设施和改善商业环境，以发展符合其比较优势的产业。对于很多非洲国家具有比较优势但目前还未发展的轻工业，政府也可以设立经济特区和产业园区，积极招商引资，以吸引快速发展的新兴国家中有积极性转移到非洲来利用非

洲低工资的企业。正值中国制造业升级到更高端、更高附加值产品和生产活动，这个趋势将为劳动力丰富、收入较低的国家发展劳动密集型工业提供巨大机遇。因此，非洲应加强工业园区和经济特区建设，以承接中国向外转移的劳动密集型制造业。同时，产业园区的建设会带动基础设施的建设，有利于非洲长远发展，也会更多地雇佣当地劳动力，有利于非洲摆脱劳动力就业不稳定和行业吸收劳动力较弱的困境。

附　录

附录一：历届会议日程方案

一、2010年会议日程

主　题：2010年中非减贫与发展会议

主办方：联合国开发计划署、中国国际扶贫中心和埃塞俄比亚政府

组织方：联合国开发计划署和中国国际扶贫中心

地　点：埃塞尔比亚首都亚的斯亚贝巴，联合国会议中心第二会议室

时　间：2010年11月1日—11月3日

2010年11月1日，星期一	
上午8:00—9:00	登记注册
上午9:00—10:30	开幕会议
上午9:00—9:05	致欢迎词： 埃塞俄比亚财经发展部长苏菲安・艾哈迈德
上午9:05—9:30	致开幕词： •联合国开发计划署署长海伦・克拉克 •中国国务院扶贫办副主任、中国代表团团长郑文凯
上午9:30—10:00	主题发言： •埃塞俄比亚总理梅来斯・泽纳维 主持人：联合国助理秘书长兼联合国开发计划署非洲局局长泰格艾格奈瓦克・盖图
上午10:00—10:30	合影留念及上午会间休息
上午10:30—10:35	传递来自儿童的信息
上午10:35—11:20	互动会议 •全体出席会议，与埃塞俄比亚总理、联合国开发计划署署长及中国国务院扶贫办副主任、中国代表团团长进行互动交谈
上午11:20—11:50	特别演讲： 非洲时刻：抓住机遇，推进转型发展 •南非总统府部长特雷弗・曼纽尔
上午11:50—12:20	保持非洲持续发展：获得财政支持面临挑战 •非洲发展银行行长唐纳德・卡贝鲁卡
下午12:20－1:00	全体讨论 主持人：非盟委员会经济事务委员姆克威扎拉姆巴
下午1:00—2:00	午餐

下午2:00—4:00	会议议程1：转型发展：让非洲走向高速和包容性增长之路
下午2:00—2:20	主题发言： •中国模式能否帮助非洲？——1996年诺贝尔经济学奖获得者詹姆斯·莫里斯
下午2:20—2:40	•中国持续高速增长的原因——联合国开发计划署非洲局特别顾问、前联合国常驻华协调员马和励
下午2:40—3:00	小组讨论： •埃塞俄比亚商品交易所执行总裁艾伦妮·加布雷—马丁 •中国国家统计局农村司副司长万东华 •中国光彩事业指导中心副主任魏登田
下午3:00—4:00	全体讨论 主持人：非洲新伙伴计划规划协调局首席执行官Ibrahim Mayaki
下午4:00—4:30	下午会间休息
下午4:30—6:30	会议议程2：转型的经验：中国的减贫经验
下午4:30—4:50	主题发言： •中国发展研究基金会副秘书长汤敏
下午4:50—5:30	小组讨论： •中国国务院研究室农村司司长叶兴庆 •中国国务院发展研究中心发展战略和区域经济研究部主任李善同 •中国国家发展和改革委员会地区司调研员杨椠
下午5:30—6:30	全体讨论 主持人：Abdoulaye Bathily教授
下午7:00—9:00	鸡尾酒会和埃塞俄比亚文化表演

2010年11月2日，星期二	
上午9:00—11:00	会议议程3：解决非洲大陆的温饱问题：非洲农业将成为下一个崛起的力量？
上午9:00—9:15	主题发言： •中国农业大学人文与发展学院院长李小云
上午9:15—9:30	•英国苏塞克斯大学开发研究院教授迈克尔·利普顿
上午9:30—9:45	•非洲发展新伙伴计划资源调动和交通理事会主席、前非洲综合农业发展项目主席理查德·姆坎达维尔
上午9:45—10:05	小组讨论： •马拉维共和国农业和食品安全部副部长玛格丽特·洛卡·毛瓦 •埃塞俄比亚农业部长特来发·德里布 •中国科技部农村技术开发中心主任贾敬敦
上午10:05—11:00	全体讨论 主持人：中国国际扶贫中心副主任黄承伟
上午11:00—11:30	上午会间休息
上午11:30—下午1:15	会议议程4：加强社会功能及社会凝聚力
下午11:30—11:45	主题发言： •世界银行米歇尔·乌尔科
下午11:45—12:00	•联合国社会发展研究所所长沙琳·库克
下午12:00—12:15	•北京大学经济与人类发展研究中心主任刘民权

下午12:15—12:30	小组讨论： •非洲监察主席阿比舍·顿甘 •友成企业家扶贫基金会理事长王平
下午12:30—1:15	全体讨论 主持人：UNDP亚太局副局长Nicholas Rosellini
下午1:15—2:15	午餐

二、2011年会议日程

主　题：2011年中非减贫与发展研讨会——经济特区发展与减贫

主办方：中国国际扶贫中心和联合国开发计划署

承办方：深圳大学中国经济特区研究中心

支持方：深圳市对口扶持办

地　点：中国深圳

时　间：2011年1月7日—1月13日

1月7日（周六，第一天）报到	
1月8日（周日，第二天）文化观光	
1月9日（周一，第三天）研讨会	
9:00 am—9:30 am	开幕式 主持人：中国国际扶贫中心副主任何晓军 致辞： •国务院扶贫办副主任郑文凯 •UNDP驻华国别主任白桦（Christophe Bahuet）先生 •深圳市领导 •埃塞俄比亚城市发展和建设部国务部长海勒米斯克·塔菲拉（Hailemeskel Tefera）先生 •深圳大学校领导
9:30 am—10:00 am	茶歇、合影

10:00 am—12:00 am	**第一节：中国经济特区的发展：国家战略与政策** 主持人：UNDP驻华国别主任白桦（Christophe Bahuet）先生 **经济特区与中国发展道路** •深圳大学校党委副书记、中国经济特区研究中心主任、教授陶一桃 **关于经济特区在中国市场化、国际化过程中的作用** •国家发改委对外经济研究所原所长，研究员张燕生 **中国模式与经济特区发展经验——地方政策创新** 深圳市委政策研究室 点 评： •中国经济特区研究中心教授曹龙骐 •非洲代表（待定） •外交部政策司处长陈松 问答及讨论
12:00 am—2:00 pm	午餐

2:00 pm—3:30 pm	**第二节：经济特区发展国别案例** 主持人：中国国际扶贫中心研究处处长王小林 **非洲案例** •多哥总理办公室主任普瑞・西姆菲榭（Pre Simf é itch é ou） **建立经济特区能否减贫？** •对中国经济特区的分析，深圳大学中国经济特区研究中心副主任、教授袁易明 **非洲案例** •尼日利亚国家计划委员会国际合作司司长巴熙・阿克潘阳（Bassey Akpanyung）先生 **中国经济特区案例** •上海市浦东改革与发展研究院院长万曾炜 **非洲案例** •加蓬中小企业和手工制造业部社会经济司司长洛西林・玛万嘉（Rosine Mawanga）女士 点评： •商务部国际贸易经济合作研究院中国对外经济贸易部副主任金柏松 非洲代表（待定）
3:30 pm—4:00 pm	茶歇
4:00 pm—5:30 pm	问答及讨论
6:00 pm—7:30 pm	晚宴
1月10日（周二，第四天）研讨会	

9:00 am—10:30 am	**第三节：经济特区产业发展：先决条件、政策和绿色升级战略** 主持人：深圳大学中国经济特区研究中心副主任、教授袁易明 **非洲适用中国特区的增长模式吗？** •中国农业大学人文发展学院院长、教授李小云 **非洲埃塞俄比亚国家的情况** •城市发展和建设部住房开发和政府建筑局局长阿玛雷·阿斯哥顿（Amare Asgedom）先生 **国家开发银行对经济特区企业的金融支持** 国家开发银行苏州支行经营管理处处长陈鑫 点评： •商务部中国国际经济技术交流中心处长白澄宇 •津巴布韦的首席经济学家Cosmas Mbambe •深圳大学中国经济特区研究中心教授钟若愚
10:30 am—11:00 am	茶歇
11:00 pm — 12:00 am	问答及讨论
12:00 am—2:00 pm	午餐

2:00 pm — 5:30 pm	**第四节：与企业家座谈** 主持人：深圳大学经济学院院长、教授陈勇 发言： **非洲官员介绍非洲情况（5个国家，15~20分钟/人）** **中国企业谈在非洲情况及面临的问题（4~5人，15~20分钟/人）** 问答及讨论
3:30 pm—4:00 pm	茶歇
6:00 pm—7:30 pm	晚餐
1月11日（周三，第五天）实地考察	
1月12日（周四，第六天）	**研讨会总结**
9:00pm—10:30pm	**主持人：中国国际扶贫中心副主任黄承伟** **总结：** •埃塞俄比亚的部长Hailemeskel Tetera UNDP •驻华代表处高级政策顾问萨文（Steven Sabey） •中国国际扶贫中心副主任黄承伟
1月13日（周五，第七天）非洲代表离境	

三、2012年会议日程

主题：2012年中非减贫与发展会议——农业现代化与减贫

主办方：中国国际扶贫中心和坦桑尼亚总统府计划委员会

承办方：中非农业投资有限责任公司和中国农业大学

支持方：UNDP、WB驻坦代表处、DFID驻坦代表处/驻华代表处和GIZ驻坦代表处/驻华代表处

地点：坦桑尼亚达拉斯萨拉姆，白沙滩（Whitesands）酒店举办

时间：2012年7月28日—7月30日

2012年7月28日，周六	
09:00−10:00	开幕式
09:00−09:10	**会议日程安排介绍** **大司仪：Joseph Semboja 教授**
	主持人：坦桑尼亚总统府计划委员会执行秘书 Philip Isdor Mpango
09:10−10:10	**开幕辞：** •坦桑尼亚总统府计划委员会执行秘书 Philip Isdor Mpango •中国国务院扶贫办主任范小建 •中国驻坦桑尼亚大使吕友清 •坦桑尼亚国务部长 Stephen M. Wasira 邀请坦桑尼亚总统致辞 •坦桑尼亚总统 Jakaya Kikwete 致辞 •塞拉利昂财政与经济发展部副部长 Momodu Kargbo
10:10−10:20	合影，茶歇
10:20−11:00	**中国农业现代化与减贫综述** •中国农业部农村经济研究中心副主任赵长保 & 中国国际扶贫中心研究处处长王小林 **非洲农业现代化与减贫综述** •非盟农村经济和农业委员会专员 Tumusiime Rhoda Peace 女士 **非洲农业现代化与减贫综述** •非盟农村经济和农业委员会专员 Tumusiime Rhoda Peace 女士
11:00−11:30	**第一节：农业政策及其制定过程**

	中国在消除贫困和改善人民生活水平方面取得了举世瞩目的重大成就。通过建立农业主导型的农村发展模式，特别是在改革开放初期，实现了国民经济持续快速的增长。本小节将探讨中国提高农业生产力和改善农村居民生活水平的途径——农业政策的主要内容：土地改革与生产力提高激励机制的变迁、发展农村合作经济、建立能逐步增加农民收入的农业产业链等。此外，农业政策设计和修改的过程，也是本小节关注的重点：谁来制定农业政策？如何制定农业政策？制定成功的政策需要哪些条件？这一政策过程也是一种能力提高的过程。为此本节将讨论非洲的农业现代化和减贫最大化如何建立自主性的农业综合开发战略和政策。
	主持人：中国国务院扶贫办国际合作和社会扶贫司司长李春光
11:00–11:30	**主题发言：** **中国农业政策的制定过程** •国务院研究室农村司司长叶兴庆 非洲农业发展政策分析 •减贫研究所执行主任Samuel Wangwe博士
11:30–12:00	**点评** •塞拉利昂财政与经济发展部副部长Momodu Kargbo •中国外交部政策司参赞宋荣华 •世界银行高级农业经济学家David Rohrbach博士
12:00–12:30	开放式讨论
12:30–14:00 午餐	午餐演讲：经济转型与减贫：中国的经验和对非洲的启示 •中国农业大学人文与发展学院院长/中国国际扶贫中心顾问李小云

14:00–16:00	**第二节：平行会议A&B**
14:00–16:00	**平行会议A：农业基础设施建设、农业技术研究推广在推动农业现代化中的作用**
	中国农业农村发展的一大经验在于对农业基础设施建设的重视。农村的发展、农民收入水平的提高，有赖于完善的现代农业基础设施；薄弱和落后的农业基础设施将无法支撑现代农业的发展。 农业基础设施是从事农业生产的全过程中所必须的物质条件和社会条件，是在农业生产完成的各个环节所使用的劳动材料、劳动对象等生产力要素的总和，按其内容可分为物质基础设施和社会基础设施两大类型。前者包括供应生产资料的产前环节的基础设施，生产农业初级产品的农业产中环节的基础设施，加速农产品流通的农业产后环节的基础设施；后者包括农业综合教育方面的基础设施，农业科研方面的基础设施，农业推广方面的基础设施，农业政策及法规方面的基础设施，农业信息方面的基础设施。不论是物质基础设施还是社会基础设施，其作用都是为了扩大和提高农业综合生产能力和生产水平，二者互为条件，互相补充，只有各方面基础建设综合发展，协调配套，相互促进，农业基础设施建设才可能有所发展、有所提高。 本节将重点讨论中国和非洲农业农村生产性基础设施的建设，产学研相结合的机制性设置，关键问题包括：如何建立生产性基础设施体系；需要哪些部门的参与；如何激励农民采用先进的科学技术；农业科学技术的研究、应用和推广如何衔接？…
	主持人：中国农业大学人文与发展学院院长/中国国际扶贫中心顾问李小云

14:00−15:00	**主题发言：** **以水利设施为核心的中国农村基础设施体系建设** •中国水利部中国灌溉排水发展中心处长王彦军 **推动非洲农业基础设施建设** •毛里塔尼亚经济事务和发展部私营部门促进部副主任 Mohamed Yahya Ould Taleb Ahmed OULD DIDA **农业技术推广的中国经验** •中国农业部全国农村技术推广服务中心办公室副主任吴立峰 **架起非洲农业技术研究和应用的桥梁** •撒哈拉以南非洲阿定康科技公司首席执行官 Chris Muyunda 博士
15:00−15:30	**点评：** •坦桑尼亚经济社会研究基金会执行主任 H. Bohela Lunogelo 博士 •中国国家发改委外资司郑持平处长 •毛里求斯社会融合和经济增长部常务秘书 Bojrazsingh Boyramboli •联合国开发计划署驻坦代表处副国别主任 Anna Helena Luise Chanmberlain
15:30−16:00	开放式讨论
16:00−16:30	茶歇
14:00−16:00	**平行会议 B：农业产业链和农民的组织化在推动农业现代化中的作用**

	现代农业的关键是用现代产业体系来提升农业，用现代经营形式来推进农业，从而提高农产品的附加值，使农业真正进入市场，最终提高农民的收入。以农产品加工为主的农业产业链建设，也是农业现代化面临的一大挑战。 本节将讨论的具体问题包括：如何通过产业链将家庭经营的小农经济与市场经济相连接？如何将现代农业因素植入小农经济？如何建设适合国情、地情的产业组织形式？在延伸和整合农业产业链的过程中，如果加强农民的组织化程度，使其更好地推动这一产业链的发展？
	主持人：非洲代表（待定）
14:00–15:00	**主题发言：** **中国农产品供应链现状** •中国农业科学院农经所胡定寰教授 **非洲农业产业链的发展实践** •肯尼亚新鲜产品出口协会首席执行官 Stephen Mbithi Mwikya **中国农业的组织体系** •中国农业部农村经济体制与经营管理司副司长贾广东 **非洲农民的组织体系** •加纳粮食和农业部农业服务司司长 Kwame Amezah 博士
15:00–15:30	点评： •坦桑尼亚农村和企业发展促进会主席 Iddi Simba •中国发改委地区司干部徐欣 •英国国际发展部研究处首席专业官员（负责气候、环境、基础设施和生计）John Barrett 博士
15:30–16:00	开放式讨论
16:00–16:30	茶歇

16:30–18:10	**第三节：平行会议总结、对关键问题的展望**
	本节将汇总平行会议的相关讨论，并探讨如何进一步推动农业发展。本节还将对中非在农业发展上面临的问题和挑战、未来的合作潜力展开研讨。
	主持人：中国国际扶贫中心顾问 Richard Carey
16:30–17:10	•平行会议A主持人报告讨论情况 •平行会议B主持人报告讨论情况 **主题发言：非洲人类发展报告：构建非洲农业安全** •联合国开发计划署驻坦代表处高级经济学家 Amarakoon Bandara 博士 **主题发言：在相互学习中推动中非农业发展** •中国农业大学人文与发展学院院长/中国国际扶贫中心顾问李小云
17:10–17:40	开放式讨论
17:40–18:10	**闭幕总结**
	主持人：中国国际扶贫中心副主任何晓军女士
17:40–18:10	**总结发言：** •坦桑尼亚总统府计划委员会执行秘书 Philip Isdor Mpango 博士 •中国国际扶贫中心副主任黄承伟
18:30–20:00	**鸡尾酒会/招待会** **致辞：** •坦桑尼亚农业、粮食和合作社部部长 Christopher Chiza 先生（待定） •中国国务院扶贫办主任范小建
2012年7月29日—30日，考察扶贫项目点	

四、2013年会议日程

主题：2013年中非减贫与发展会议——促进就业可持续发展

主办方：中国国际扶贫中心和联合国开发计划署

承办方：浙江省扶贫办和浙江大学

支持方：中国国际经济技术交流中心

地点：中国浙江

时间：2013年7月8日—7月12日

7月8日（周一）文化活动	
7月9日（周二）研讨会	
09:00–09:30	开幕式 主持人：浙江省扶贫办主任邵峰 先生 致辞： •中国国际扶贫中心交流处处长李昕宣读国务院扶贫办副主任郑文凯致辞 •博茨瓦纳副总统办公室常秘 John Mothibi 先生 •浙江省副秘书长章文彪先生致辞 •UNDP驻华副国别主任何佩德（Patrick Haverman） •浙江大学副校长罗卫东 •商务部中国国际经济技术交流中心副主任王伟黎
09:30–10:00	合影、茶歇

10:00–11:30	**第一节：中国与非洲国家就业政策与实践** 主持人：UNDP驻加蓬经济顾问 Bakary Dosso 先生 **中国就业政策与实践综述** •中国就业促进会会长张小建 **非洲国家就业政策与国家发展框架** •中非经济共同体宏观经济学家 Jules Touka 先生 **政策和历史综述：中国中小企业的发展优势** •中国农业大学米增渝教授 **非洲国家的就业与中小企业发展政策** •乌干达国家规划部战略规划主任 Patrick Birungi 先生 **中国模式的地方经验：浙江就业与扶贫** •浙江省中小企业局副局长高建明 点评： •莱索托发展规划部政策规划处处长 Mthoateng Lebona 女士 •中国国际经济技术交流中心白澄宇处长 •多哥共和国发展规划部项目经理 Robert Gozo 先生 •浙江大学管理学院副院长卫龙宝教授
11:30–12:30	问答及讨论
12:30–14:00	午餐

14:00-15:30	**第二节：中小企业发展的关键问题：农业工业化和粮食安全（政策、融资、人力资本、环境）** 主持人：浙江大学管理学院副院长卫龙宝教授 **非洲中小企业：面临问题、进展及金融创新** •毛里求斯财政和经济发展部人力资本和社会包容组组长Janab Mohamadally Mownah先生 •肯尼亚国家财政部援助有效性秘书处负责人Monica Asuna女士 **为中小企业发展提供金融支持** •财政部亚太财经与发展中心彭润中处长 **非洲中小企业：面临问题、进展及金融创新** •赞比亚商务、贸易与产业部首席经济学家Boniface Kunda先生 **中小企业发展的融资支持** •包商银行首席经济学家华而诚 点评： •国务院发展研究中心企业研究所所长陈小洪 •联合国开发计划署非洲局政策顾问Angela Lusigi女士 •佛得角圣维森特岛农村发展部研究和政策分析副主任Janaína Almeida女士
15:30-16:00	茶歇
16:00-17:30	问答及讨论
18:00-19:30	晚餐
7月10日（周三）研讨会	

9:00–10:30	**第三节：坚持以人为本、可持续发展，促进就业、发展中小企业及减贫** 主持人：肯尼亚国家财政部援助有效性秘书处负责人 Asuna Monica 女士 **非洲中小企业发展与就业促进** •博茨瓦纳副总统办公室常秘 John Mothibi 先生 •埃塞俄比亚中小企业联合会主任 Gebremeskel Challa Motalo 先生 **中国民营企业进入非洲的现状、特点及对策** •浙江师范大学非洲研究院刘青海女士 **中小企业发展与减贫** •尼日利亚中小企业发展署副主任 Monday Aluu Ewans 先生 •莫桑比克规划和发展部政策分析司副司长 Augusta Pechisso 女士 点评： •中国外交部政策司陈文兵参赞 •埃塞俄比亚 Sara Yarrow 手工艺品设计项目管理总监 Martha Debouch Degeffu 女士 •浙江大学中国农村发展研究院副院长钱文荣教授
10:30–11:00	茶歇
11:00–12:30	问答及讨论
12:30–14:00	午餐

14:00–15:30	**第四节：与浙江民营企业家座谈** 主持人：中非民间商会秘书长王晓勇 **非洲官员介绍非洲情况** •加纳产业协会执行秘书 Seth Twum Akwaboah 先生； •肯尼亚国家财政部外资处经济学家 Fredrick Mutungaa 先生； •中非经济共同体宏观经济学家 Jules Touka 先生； •尼日利亚中小企业发展署副主任 Monday Aluu Ewans 先生； •加纳国家小企业发展局执行主任 Abdul–Rahim Lukman 先生。 •中国企业谈企业发展及面临的问题
15:30–16:00	茶歇
16:00–17:30	问答及讨论
18:00–19:00	晚餐
7月11日 考察	
上午	安吉县美丽乡村横山坞村、浙江永裕竹业股份有限公司
下午	浙江耕盛堂生态农业有限公司、安吉登冠竹木开发有限公司
7月12日 研讨会总结	
9:00–10:30	**总结 & 展望** （对本届研讨会的总结、感想、意见，对未来中非会议主题、内容、形式的建议） 主持人：中国国际扶贫中心副主任黄承伟 •非洲各国参会代表 •UNDP 非洲局政策顾问 Angela Lusigi 女士 •中国国际扶贫中心副主任黄承伟

五、2014年会议日程

主题：2014年中非减贫与发展会议——工业发展：非洲和中国的跨区域视角

主办方：非洲联盟（AU）、埃塞俄比亚工业部（MOI）、中国国际扶贫中心（IPRCC）和联合国开发计划署（UNDP）

地点：埃塞俄比亚的首都亚的斯亚贝巴

时间：2014年11月18日—11月20日

2014年11月18日，周二	
9:30–10:10	开幕式+实质性讨论
9:30–10:10 10:10–10:40	开幕式 主持人：非盟委员会代表 致辞：（每人10分钟） •联合国驻埃塞俄比亚协调员Eugene Owusu •中国国务院扶贫开发领导小组办公室（LGOP）党组成员、行政人事司司长司树杰 •中国驻埃塞俄比亚大使解晓岩 •非盟贸易工业委员Fatima Acyl女士 •埃塞俄比亚总理Mulatu Teshome 主旨演讲：中非工业发展经验 非洲工业化政策动态（联合国非洲经济委员会/非洲联盟2014年非洲经济报告） •内罗毕大学教授Bethuel Kinuthia，中国的崛起和非洲结构转型的机遇 •北京大学国家发展研究院名誉院长，世界银行前首席经济学家兼高级副行长林毅夫教授
10:40–11:00	集体合影&茶歇

11:00–11:45	**第一部分：非洲工业发展的经验、挑战与机遇——全球、区域及国家视角** 主持人：中国国际扶贫中心副主任何晓军 主题发言：（每人15分钟） **新的全球经济环境下，非洲工业化的经验、挑战与机遇** •联合国工业发展组织代表（待定，非盟邀请） **非洲区域一体化及人类发展：从广泛的经济增长到利益平等共享** •非洲区域及次区域组织（非洲联盟委员会或非洲经济共同体）高级官员（待定，非盟邀请） **前进中的非洲：2063愿景规划** •Frank Mugyenyi博士（非盟邀请） •非洲工业发展的进展和潜力 •UNDP联合国开发计划署驻埃塞代表处经济顾问James Wakiaga（UNDP邀请）
11:45–12:30	问答与讨论
12:30–14:00	午休

14:00–15:30	**第二部分：反思中国工业发展的经验教训** 讨论主题包括中国工业发展成功的背后因素，即政府角色、小微企业政策（或乡镇企业政策）、培养产业链的步骤，以及中国工业发展经验有哪些适用于非洲大陆，哪些不能。 主持人：联合国开发计划署驻华代表处代表 主题发言：（每人20分钟） **非洲能从中国工业发展中借鉴什么？** • 中国农业大学人文与发展学院院长李小云教授 **加工贸易如何推动中国减贫** • 北京大学国家发展学院余淼杰教授 **聚焦经济特区发展：中国和非洲国家的比较研究** **• 研究团队负责人Peter Gakunu（UNDP邀请）**
15:30–16:00	问答及讨论
16:00–16:30	茶歇
16:30–18:00	**小组讨论：区域、次区域及国家层面中非合作的机遇和挑战，本次会议后可开展哪些后续行动？** （至少邀请非洲10国的高级贸易工业官员参加小组讨论：） 主持人：非盟委员会、联合国开发计划署及中方代表 **A组：战略及政策** **B组：物质性基础设施和软性基础设施** **C组：市场及供应链** 讨论参与者将分为三组，每组回顾之前两部分会议的相关讨论，以国家、区域及全球案例丰富这些讨论并提出具体建议。他们的建议不仅会涉及总体政策框架（包括区域及国家政策和机制），还会包括具体的干涉措施和项目。讨论开始前主持人将向参与者进行说明。

18:00–18:30	**讨论总结及未来工作启示** 主持人：独立发展顾问、经合组织发展援助司前司长Richard Carey 讨论者：各组将展示其主要发现并讨论（每组10分钟） •利用讨论结果的具体后续步骤 •讨论后续行动的互鉴计划
18:30–19:30	埃塞俄比亚政府举办的鸡尾酒会
2014年11月19日，周三	
09:00–09:45	**第三部分：巩固工业发展基础：政策、机制、基础设施及人才发展** （建议讨论话题：工业发展总体政策框架、体制机制、基础设施投资、全球市场准入、教育及职业培训） 主持人：埃塞俄比亚代表 发言：（每人15分钟） •非洲代表发言（非盟推荐） •国际货币基金驻乌干达高级首代Ana Lucia Coronel女士（UNDP推荐）
09:45–10:15	问答及讨论
10:15–10:45	茶歇

10:45–11:45	**第四部分：公私合作：私营部门在推动工业发展及创造就业中的作用** （建议讨论话题：私营部门在实现非洲可持续发展中的角色；有利其发展的政策和融资安排；人力资本发展和环境问题） 主持人：联合国开发计划署驻埃塞俄比亚国别主任Samuel Bwalya博士 主题发言：（每人15分钟） **来自私营部门的视角：非洲能否成为全球制造基地?** •联合国工发组织亲善大使海宇女士 **非洲的小微企业：障碍、发展及创新** •联合国工发组织代表（非盟邀请） **为小微企业提供金融支持** •非洲开发银行经济学家Diallo Amadou Bassirou
11:45–12:15	问答及讨论
12:15–12:50	**总结：提升非洲贸易竞争力，推动一体化及多元化的发展** 主持人：非盟委员会贸工委司长Hussein Hassan **闭幕总结：（每人8分钟）** •中国国际扶贫中心副主任何晓军女士 •联合国驻华协调员诺德厚 •埃塞俄比亚工业部国务部长Tedesse Haile •非盟委员会贸易工业委员Fatima Acyl女士
下午	考察东方工业园区
2014年11月20日，周四	
全天	非盟工业化日活动

附录二：历届会议参会人员名单

一、2010年参会人员名单

一、中方参会代表

序号	姓名	职务	单位
1	郑文凯	副主任	国务院扶贫办
2	舒　展	大使	外交部非洲司
3	叶兴庆	司长	国务院研究室农村司
4	李善同	局长	国务院发展研究中心发展战略和区域经济研究部
5	贾敬敦	主任	科技部中国农村技术开发中心
6	万东华	司长	国家统计局农村社会经济调查司
7	黄承伟	副主任	中国国际扶贫中心
8	杨　荪	调研员	国家发改委地区经济司扶贫处
9	刘　菲	处长	财政部社保司基金管理处
10	吴　敏	处长	国务院扶贫办行政人事司
11	魏登田	副主任	光彩事业指导中心
12	李成贵	副主任	北京市农委
13	孟燕萍	处长	科技部中国农村技术开发中心
14	李倩妮	干部	中国光彩事业促进会联络部
15	李　艳	干部	科技部中国农村技术开发中心
16	陈永红	干部	科技部中国农村技术开发中心
17	刘民权	主任	北京大学经济与人类发展研究中心

序号	姓名	职务	单位
18	李小云	院长	中国农业大学人文发展学院
19	汤　敏	副秘书长	中国发展研究基金会
20	王　平	理事长	友成企业家扶贫基金会
21	王　勇	投资总监	中非发展基金会
22	李鹏非	东部非洲投资部投资主管	中非发展基金会
23	谷　靖	研究员	英国国际发展研究院
24	王小林	处长	中国国际扶贫中心研究处
25	李　昕	副处长	中国国际扶贫中心交流处
26	徐　进	项目官员	中国国际扶贫中心交流处

二、国外参会代表

序号	姓名	职务	单位
1	Sufian Ahmed	部长	埃塞俄比亚财政和经济部
2	Helen Clark	署长	联合国开发计划署
3	Meles Zenawi	总理	埃塞俄比亚
4	Tegegnework Gettu	联合国助理秘书长兼UNDP非洲局局长	联合国和UNDP非洲局
5	Trevor Manuel	部长	南非内阁
6	Donald Kaberuka	行长	非洲开发银行

序号	姓名	职务	单位
7	Maxwell M. Mkwezalamba	负责人	非盟委员会经济司
8	James Mirrlees	1996年诺贝尔经济学奖得主	
9	马和励	特别顾问	UNDP 非洲局
10	Eleni Gabre-Madhin	首席执行官	埃塞俄比亚商品交易所
11	Ibrahim Mayaki	首席执行官	非洲新伙伴计划规划协调局
12	Michael Lipton	高级研究员	英国Sussex大学发展研究院
13	v	主任	非洲农业综合发展项目伙伴关系、资源动员和通讯委员会
14	Margaret Roka Mauwa	副部长	马拉维农业和粮食安全部
15	Terefa Deribew	部长	埃塞俄比亚农业部
16	Michael Woolcock	成员	世界银行发展研究组
17	Sarah Cook	所长	联合国社会发展研究所
18	Archbishop Ndungane	主席	非洲监督局
19	Nicholas Rosellini	副局长	UNDP 亚太局

序号	姓名	职务	单位
20	Vu Xuan Truong	团长	越南外交部代表团
21	Hannah Tetteh	部长	加纳工业和贸易部
22	Eugene Owusu	UN驻埃塞协调员、UNDP驻埃塞代表	

二、2011年参会人员名单

一、国务院扶贫办及中国国际扶贫中心

序号	姓名	职务	单位
1	郑文凯	副主任	国务院扶贫办
2	黄承伟	副主任	中国国际扶贫中心
3	何晓军	副主任	中国国际扶贫中心
4	王小林	处长	中国国际扶贫中心研究处
5	李　昕	副处长	中国国际扶贫中心交流处
6	余　晖	项目官员	中国国际扶贫中心交流处
7	徐　进	项目官员	中国国际扶贫中心交流处
8	耿杰夫	项目官员	中国国际扶贫中心交流处
9	张德亮	项目官员	中国国际扶贫中心研究处
10	张晓颖	项目官员	中国国际扶贫中心研究处
11	梁　怡	项目官员	中国国际扶贫中心合作处

二、国内相关部委

序号	姓名	职务	单位
1	陆慧英	参赞	外交部非洲司
2	陈　松	处长	外交部政策司政策规划处
3	张燕生	原所长、研究员	国家发改委对外经济研究所

序号	姓名	职务	单位
4	金柏松	副主任	商务部国际贸易经济合作研究院中国对外经济贸易部
5	白澄宇	处长	商务部中国国际经济技术交流中心
6	孙　雷	官员	商务部中国国际经济技术交流中心
7	陈　鑫	处长	国家开发银行苏州支行经营管理处

三、地方政府及省扶贫办

序号	姓名	职务	单位
1	刘　锦	主任	深圳市政府科技工贸信委
2	余雁刚	官员	深圳市委政策研究室
3	刘毅刚	主任	深圳市对口扶持办
4	徐建明	副主任	深圳市对口扶持办
5	李雄姿	干部	深圳市对口扶持办

四、国内专家学者

序号	姓名	职务	单位
1	李小云	院长、教授	中国农业大学人文发展学院
2	万曾炜	院长	上海市浦东改革发展研究院
3	章必功	校长	深圳大学
4	陶一桃	副书记、主任	深圳大学党委、中国经济特区研究中心
5	陈　勇	院长、教授	深圳大学经济学院

序号	姓名	职务	单位
6	袁易明	教授	深圳大学中国经济特区研究中心
7	高兴民	副主任、教授	深圳大学中国经济特区研究中心
8	张佩素		深圳大学中国经济特区研究中心
9	曹龙骐	教授	深圳大学中国经济特区研究中心
10	钟若愚	教授	深圳大学中国经济特区研究中心
11	范霄文	副教授	深圳大学中国经济特区研究中心
12	陈红泉	讲师、博士	深圳大学中国经济特区研究中心
13	周轶昆	博士	深圳大学中国经济特区研究中心
14	章　平	讲师、博士	深圳大学中国经济特区研究中心

五、国内企业

序号	姓名	职务	单位
1	唐瑞金		深圳市移动通讯行业协会
2	康晓军		深圳创益
3	肖建军	常务理事	深圳市科技资讯协会
4	王　和		深圳市联合安业科技有限公司
5	孟小姐		深圳市捷鸿运通讯有限公司
6	孙　文		紫魅形象顾问公司

六、非洲国家代表

序号	姓名	职务	单位
1	Hailemeskel Tefera	国务部长	埃塞俄比亚城市发展和建设部
2	Amare Asgedom	主任	埃塞俄比亚城市发展和建设部住房开发和政府建筑局
3	Kalu Kebede	主任	埃塞俄比亚皮革产业发展研究所工程服务部
4	Bekele Gebre Ftago	副主任	埃塞俄比亚亚的斯亚贝巴土地开发银行和市区重建项目办公室
5	Pre Simf é itch é ou	主任兼首席经济学家	多哥总理办公室
6	Mawussi Djossou Slemodji	主任、经济学家	多哥内阁、财政部
7	Simão Joaquim	主任	莫桑比克计划与发展部经济特区办公室
8	Ouchar Hisseine	司长	乍得贸易工业和小企业部工业和小企业司
9	Mugo Kibati	司长	肯尼亚国家2030愿景秘书处
10	Tafla A. Ghebrehiwet	官员	厄立特里亚国家发展部千年发展目标跟进汇报部门
11	Rosine Mawanga	司长	加蓬中小企业和手工制造业部社会经济司
12	Bassey Akpanyung	司长	尼日利亚国家计划委员会国际合作司

序号	姓名	职务	单位
13	Cosmas Mbambe	首席经济学家	津巴布韦财政部

七、联合国开发计划署

序号	姓名	职务	单位
1	Christophe Bahuet	国别主任	联合国开发计划署驻华代表处
2	Steven Sabey	高级政策顾问	联合国开发计划署驻华代表处

八、媒体

序号	姓名	职务	单位
1	王传真	社长	新华社深圳分社
2	黄宇丽	记者	中国日报深圳站

三、2012年参会人员名单

一、中方代表

序号	姓名	职务	单位
1	范小建	部长	国务院扶贫办主任
2	吕友清	中国驻坦桑尼亚大使	中国驻坦桑尼亚大使管
3	司树杰	司长	国务院扶贫办行政人事司
4	李春光	司长	国务院扶贫办国际合作司
5	叶兴庆	司长	国务院研究室农村司
6	宋荣华	参赞	外交部政策司
7	高　伟	一秘	外交部政策司
8	郑持平	处长	发改委投资司
9	梁　红	处长	商务部国际司
10	徐　欣	干部	发改委地区司
11	贾广东	副站长	农业部经管总站
12	赵长保	副主任	农业部农业经济研究中心
13	吴立峰	办公室副主任	农业部农技推广中心
14	王彦军	处长	水利部中国灌溉排水发展中心
15	黄承伟	主任	中国国际扶贫中心
16	何晓军	副主任	中国国际扶贫中心
17	王小林	处长	中国国际扶贫中心研究处

序号	姓名	职务	单位
18	李绍君	处长	中国国际扶贫中心合作处
19	李　欣	副处长	中国国际扶贫中心交流处
20	冯宇坤	干部	国务院扶贫办
21	李琳一	项目官员	中国国际扶贫中心研究处
22	童　朗	项目官员	中国国际扶贫中心合作处
23	徐　进	项目官员	中国国际扶贫中心交流处
24	梁　怡	项目官员	中国国际扶贫中心合作处
25	赵美艳	项目官员	中国国际扶贫中心合作处
26	耿杰夫	项目官员	中国国际扶贫中心交流处
27	胡定寰	研究院	农科院农经所
28	王　涛	副校长	中国农业大学
29	李小云	人文与发展学院院长	中国农业大学
30	王伊欢	教授	中国农业大学
31	齐顾波	教授	中国农业大学
32	周圣坤	教授	中国农业大学
33	汪志农	教授	中国西北农林
34	关山元	副经理	中非农业投资有限公司
35	赵海军	总经理	中国水电建设集团坦桑尼亚公司
36	王向东	总经理	中国土木工程集团东非公司
37	郝建国	董事长	坦桑尼亚中非商业理事会
38	陈华林	教授	中国援建的坦桑尼亚农业技术示范中心
39	陈建新	总经理	阳光凯迪新能源集团有限公司坦桑尼亚分公司

二、非洲代表

序号	姓名	职务	单位
1	Hon. Mr. Kwesi Ahwoi	部长	加纳农业和食品部
2	Mr.Kwame Amezah	主任	加纳农业推广部，粮食和农业部
3	Mrs. Tumusiime Rhoda Peace	农村农业和农村经济专员	非洲联盟
4	Mr. Bojrazsingh Boyramboli	常务秘书	毛里求斯社会整合和经济发展部
5	Mr. Momodu Kargbo	副部长	塞拉利昂财政和经济发展部
6	Mr.Mohamed Yahya Taleb Ahmed	副主任	毛里塔尼亚经济与发展部
7	Dr. Chris Muyunda	执行主席	撒哈拉沙漠以南非洲救助技术部
8	Dr.Stephen Mbithi Mwikya	首席执行官	肯尼亚新鲜农产品出口协会
9	Dr. Chungu Mwila	行政长官	东部和南部非洲商品贸易联盟
10	Mr.Tafla A. Ghebrehiwet	官员	厄立特里亚教育部国家发展目标跟进和报告单位
11	Mr.Eyob Tesfaye	队长	埃塞俄比亚可持续发展

三、发展组织代表

序号	姓名	职务	单位
1	Dr.John Barrett	首席专家	英国国际发展署
2	Mr. Marshall Elliott	办公室主任	英国国际发展署，坦桑尼亚
3	Mr. Richard Carey	国际顾问	中国国际扶贫中心
4	Mrs. G é raldine Zeuner	合作负责人	瑞士驻华大使馆
5	Ms.Anna Helena Luise Chanmberlain	副主任	联合国开发计划署，坦桑尼亚
6	Dr. Amarakoon Bandara	高级经济师	联合国开发计划署，坦桑尼亚
7	Dr. Mary Hobbs	办公室主任	美国国际开发署，坦桑尼亚
8	Dr. David A. Nyange	高级农业经济学家	美国国际开发署，坦桑尼亚
9	Dr. Wei Ha	政策分析专家	联合国儿童基金会，坦桑尼亚

四、2013年参会人员名单

一、国务院扶贫办、有关部委

序号	姓名	职务	单位
1	郑文凯	副主任	国务院扶贫办
2	张小建	会长	中国就业促进会
3	陈文兵	参赞	外交部政策司
4	王伟黎	副主任	商务部中国国际经济技术交流中心
5	白澄宇	处长	商务部中国国际经济技术交流中心
6	孙　雷	官员	商务部中国国际经济技术交流中心项目
7	陈志集	秘书	中国人力资源和社会保障部办公厅
8	赵懂文	干部	国务院扶贫办

二、国内专家学者

序号	姓名	职务	单位
1	陈小洪	所长，高级研究员	国务院发展研究中心企业研究所
2	米增渝	教授	中国农业大学
3	彭润中	处长	财政部亚太财经与发展中心

序号	姓名	职务	单位
4	罗卫东	副校长	浙江大学
5	卫龙宝	副院长、教授	浙江大学管理学院
6	钱文荣	副院长、教授	浙江大学农村发展研究院
7	徐丽安	副院长	浙江大学农村发展研究院
8	毛迎春	主任	浙江大学中国农村发展研究院办公室
9	张小峰	所长、副教授	浙江师范大学非洲研究院非洲经济研究所

三、地方政府及省扶贫办

序号	姓名	职务	单位
1	章文彪	副秘书长	浙江省政府
2	邵峰	副主任	浙江省扶贫办
3	高建明	副局长	浙江省中小企业局
4	蒋伟峰	处长	浙江省农办、扶贫办扶贫开发处
5	杨叶勇	干部	浙江省扶贫办

四、中国国际扶贫中心

序号	姓名	职务	单位
1	左常升	主任	中国国际扶贫中心
2	黄承伟	副主任	中国国际扶贫中心
3	李昕	处长	中国国际扶贫中心交流处
4	徐进	项目官员	中国国际扶贫中心交流处
5	周梁	项目官员	中国国际扶贫中心交流处

序号	姓名	职务	单位
6	刘倩倩	项目官员	中国国际扶贫中心交流处
7	周靓	项目助理	中国国际扶贫中心交流处
8	徐仙萍	项目助理	中国国际扶贫中心交流处

五、国际代表

序号	姓名	职务	单位
1	John Mothibi	常秘（副部级）	博茨瓦纳总统府
2	Jules Rommel Touka Tchakonte	宏观经济学家	中部非洲国家经济共同体
3	Bakary Dosso	经济顾问	联合国开发计划署加蓬代表处
4	GebreMeskel Challa Motalo	主任	埃塞俄比亚小微企业发展局
5	Martha Debouch Degeffu	管理总监	埃塞俄比亚Sara Yarrow手工艺品设计项目
6	Joseph Paul Ibouili Maganga	司长	加蓬经济、就业与可持续发展部规划司
7	Seth Twum Akwaboah	执行主任	加纳产业协会
8	Abdul Rahim Lukman	执行主任	加纳国家小企业发展局
9	Asuna Monica	负责人	肯尼亚国家财政部援助有效性秘书处

序号	姓名	职务	单位
10	Fredrick Mutunga	经济学家	肯尼亚政府
11	Angela Lusigi	政策顾问	联合国开发计划署非洲局
12	Janaab Mohamadally Mownah	组长	毛里求斯财政和经济发展部人力资本和社会包容组
13	Monday Ewans	副主任	尼日利亚中小企业发展署
14	Apelete Gbati Komlan Robert Gozo	项目经理	多哥共和国发展规划部
15	Patrick Bitonder Birungi	经济战略规划主任	乌干达国家规划部
16	Boniface Kunda	首席经济学家	赞比亚商务、贸易与产业部
17	Nthoateng Lebona	司长	莱索托发展规划部政策和战略规划司
18	Augusta Pechisso	副司长	莫桑比克规划和发展部政策分析司
19	Janaina Almeida	副主任	佛得角圣维森特岛农村发展部研究和政策分析司
20	Jose Neves	就业协调员	佛得角青年、就业与人力资源发展部

六、国际机构

序号	姓名	职务	单位
1	何佩德	中国国别副主任	联合国开发计划署
2	张　琰	项目经理	联合国开发计划署

五、2014年会议参会名单

一、中方代表

序号	姓名	职称	单位
1	司树杰	党组成员、行政人事司司长	国务院扶贫办
2	李　越	副司长	国务院扶贫办开发指导司
3	左常升	主任	中国国际扶贫中心
4	林毅夫	名誉院长、前首席经济学家兼高级副行长	北京大学国家发展研究院、世界银行
5	余淼杰	教授	北京大学国家发展研究院
6	李小云	院长	中国农业大学人文与发展学院
7	何晓军	副主任	中国国际扶贫中心
8	李　昕	处长	中国国际扶贫中心交流处
9	王小林	处长	中国国际扶贫中心研究处
10	徐　进	项目官员	中国国际扶贫中心交流处
11	周　靓	项目助理	中国国际扶贫中心交流处
12	余　漫	博士后	北京大学
13	曲　强	同传译员	北京外国语大学讲师
14	王　冰	同传译员	中国戏曲学院讲师

二、埃塞俄比亚代表

序号	姓名	职称	单位
1	Mersie Ejigu		策略计划部
2	Kalkidan Mihretu	摄影师	埃塞俄比亚亚的斯亚贝巴
3	Meleskachew Amba	记者	埃塞俄比亚亚的斯亚贝巴
4	Hamer Tadege	主管	埃塞俄比亚税务和海关局
5	Alemseged Abebe	记者	埃塞俄比亚亚的斯亚贝巴
6	Meselech Wodajo	官员	埃塞俄比亚亚的斯亚贝巴财务处
7	Birhanu Mekuye	主席	埃塞俄比亚工业事务委员会
8	Andualem Sisay Gessesse	联络员	埃塞俄比亚亚的斯亚贝巴
9	Nahom Tesfaye	摄影师	
10	Jemal Abdu	记者	埃塞俄比亚亚的斯亚贝巴
11	Abwa Dlooch Kenedy	记者	
12	Birhanu Woldesenbet	编辑	埃塞俄比亚亚的斯亚贝巴
13	Eyasu Solomon	非洲经济学家	
14	Tedesse Haile Tessema	国务部长	埃塞俄比亚亚的斯亚贝巴

序号	姓名	职称	单位
15	Sisay Gemechu		埃塞俄比亚工信部
16	Mebrathu Meles		埃塞俄比亚工信部
17	Genet Teshome	总干事	外交部
18	Shiferaw Feyissa		阿达玛科技
19	Mulunea Gebre	央视记者	中央电视台，埃塞俄比亚
20	Michael Tewelde	摄影师	埃塞俄比亚亚的斯亚贝巴
21	Arega Yirdaw	首席执行长	MIDROC
22	Beyene g/ Meskel	总干事	埃塞俄比亚工业部
23	Shiferaw Tadesse	联络员	新华社
24	Melaku Taye	理事	埃塞俄比亚通讯部
25	Newai Gebreab	总干事	EDRI
26	Tewodros Atlaw	经理	埃塞俄比亚电信部
27	Frehiwot	主席	埃塞俄比亚国家银行
28	Abenet Afsaw		NEPAD商业基金会
29	KifleN Gebrehiwot	高级审查员	埃塞俄比亚国家银行
30	David Getachew	记者	埃塞俄比亚亚的斯亚贝巴

序号	姓名	职称	单位
31	Fassil Tadesse	主席	埃塞俄比亚纺织服装
32	Habtamu Hailu Kebede	副主席	埃塞俄比亚亚的斯亚贝巴IT研究部

三、大使馆成员国

序号	姓名	职称	单位
1	Sam Mujad	顾问	赞比亚大使馆
2	Vincent Badji	公使参赞，临时代办	塞内加尔大使馆
3	Lamine Baale	大使	撒哈拉共和国
4	Kebe Mamadou Syll	干事	塞内加尔工业部
5	Mamadou Diop	秘书长	塞内加尔工业部
6	Momath Ba	总干事	塞内加尔
7	Matusse Mateus	总监	全国工业贸易总监会
8	Peter M. Kano	顾问	肯尼亚大使馆
9	Hassan		马里大使馆
10	Saleh Ali Counsellor		利比亚大使馆
11	Moiba Ansumana		利比亚大使馆
12	Almamy Kassama	代表团副团长	冈比亚大使馆
13	Julian Lomtange Bomgima		刚果民主共和国大使馆

四、联合国开发计划署

序号	姓名	职称	单位
1	James Wakiaga	经济学家	联合国开发计划署，埃塞俄比亚
2	Haile Kibret	国家经济学家	联合国开发计划署，埃塞俄比亚
3	Fekadu Terefe	程序分析员	联合国开发计划署，埃塞俄比亚
4	Eva Hindi	通讯官	联合国开发计划署
5	Eyob Tesfaye		联合国开发计划署

五、伙伴

序号	姓名	职称	单位
1	Ana Lucia Coronel	国际货币基金组织驻华代表	乌干达，国际货币基金组织
2	Amadou Diallo	高级经济师	非洲开发银行
3	Peter Gakunu	经济学家	肯尼亚
4	George James	理事	东南非共同市场 / ACTESA
5	Adama Ekberg	首席	联合国非洲经济委员会
6	Bethuel Kinutwia	博士	内罗毕大学

六、非洲联盟委员会

序号	姓名	职称	单位
1	Fatima Haram Acyl	专员	非洲联盟贸易和工业委员会
2	Treasure Maphanga	理事	非洲联盟贸易和工业委员会
3	Hussein Hassan	主任	工业司负责人，非洲联盟贸易和工业委员会
4	Madibaye Djimadoumbaye	助理	特别助理德拉委员会太子港商务部等工业联盟
5	Aly Iboura Moussa	高级政策官员，海关	非洲联盟贸易和工业委员会
6	Chiza Charles Newton Chiumya	政策官员，海关	非洲联盟贸易和工业委员会
7	Salimou Bamba	政策官员	非洲联盟贸易和工业委员会
8	Babajide Sodipo	区域贸易顾问	非洲联盟贸易和工业委员会
9	Christiane Matondo	首席沟通官	主席的局，非洲联盟委员会
10	Patient Atcho	通信助理	非洲联盟贸易和工业委员会
11	Meaza Tezera	通信助理	非洲联盟贸易和工业委员会
12	Luke Warford		工商，非洲联盟委员会
13	Jeanne Kayiter	Gender Director	AUC

附录三：历届会议背景报告摘要

附录三：历届会议背景报告摘要

自2010年开始，中国国际扶贫中心与联合国开发计划署启动了“中非减贫与发展会议”这一减贫领域高层交流活动。除2010年第一届会议外，其余每一届会议都有其独特主题，每一主题的确定和提出都有其深刻的现实意义和时代背景。会议主办方在会议召开之前，聘请相关机构根据会议主题撰写了背景报告。以下摘录了2011年至2014年4年的会议背景报告，分别围绕经济特区、农业现代化、中小企业与农民就业以及工业化四个方面展开，具体内容如下：

一、2011 年会议背景报告

经济特区的建立和减贫①

——中国经济特区外资引进与减贫及其对非洲的借鉴研究

经济特区与非特区的显著区别在于出口贸易和对外开放程度。发展中国家在经济起飞的初期，仅有大量的投资和生产是不能保证经济持续增长的，必须通过对外贸易来拓展产品市场，因此，经济特区的出口贸易与当地经济增长有着密切的关系。加工贸易快速增长的同时，特区的工业化进程也在迅速进行，大量的产业需求吸纳了当地、甚至其他各地的劳动力就业。根据深圳特区实证数据，加工贸易占出口贸易比重对特区就业减贫的贡献份额为0.62，其贡献份额甚至大于FDI的贡献份额，这说明出口导向型的工业生产模式是有效的。

从以深圳为首的经济特区的发展历程可以得出以下结

① 深圳大学中国经济特区研究中心　袁易明、张广露、余佳、何蕾。

论供非洲各国借鉴：1. 经济起飞时期鼓励加工贸易形式的外资而非FDI，为低技能劳动力提供更多的就业机会。非洲国家资本密集型单一的制造业结构不利于贫困人口的就业和减贫，要实现益贫式的增长，在工业化初、中级阶段，政府部门应该通过税收政策、贸易政策等引导外资进入劳动力密集型的行业，利用外资在技术上的比较优势发展本国产业，通过制造业规模扩大来吸纳非农部门的低技能劳动力。2. 持续稳定的初级加工工业发展政策而非过早发展资本与技术密集产业，可以充分发挥外资的减贫效应。通过规划和政策引导外资投入生活用品制造业，在增加内需的同时实现经济增长的多元化。3. 走出口导向经济起飞之路是有效的减贫路径选择。鼓励工业制成品的出口贸易可以让贫困人口参与产业分工（也可理解为国际分工），促进产业和产品多样化，为低技能劳动力提供更多的就业机会，帮助他们脱离贫困。

二、2012会议背景报告

中国农业现代化与减贫政策回顾 1978—2012

农业部农村经济研究中心课题组

中国共产党第十一届三中全会拉开了中国农村改革的序幕。1978—1984年，农村改革首先从农村基本经营制度入手，通过实行家庭联产承包责任制，废除人民公社体制，初步形成和基本确立了家庭承包经营制度。1985—1991年，随着家庭承包经营制度的确立，以发展乡镇企业、实行村民自治等为重点，农村改革全面推进。1992—2001年，按照建立社会主义市场经济体制的要求，中国稳定和完善了农村基本经营制度；深化了农产品流通体制改革；推进了乡镇企业体制创新；调整了农村产业结构、促进了农村劳动力转移，这一阶段农村改革进一步深化。2002年以来，中国农村改革的重点是稳定和完善农村土地制度，全面改革农村税费制度，深化粮棉流通体制改革，建立农业补贴制度，扩大农业对外开放，改善农村劳动力就业环境，推进新农村建设，农村改革进入了城乡统筹发展的新阶段。

迄今为止，中国农村的改革已经取得了重要进展。一是确立了农户的生产经营主体地位，以家庭承包经营为基础，统分结合的双层经营体制初步形成；二是废除了统购统销制度，发育了农产品流通体系和农村市场体系；三是破除了高度集中的计划经济体制，市场机制在资源配置中开始发挥基础性作用；四是终结了农业封闭半封闭状态，农业对外开放日益扩大；五是废除了人民公社体制，农村基层民主政治制度逐步推行；六是实行统筹城乡发展方略，初步打破了城乡分割的二元经济社会结构。

农村扶贫开发始终是中国农村改革发展的重要内容，也始终是农业政策关注的重要领域。尽管在不同阶段，中国农业政策的重心有所调整，但保障主要农产品有效供给，提高农村居民收入水平，一直是最核心的两大目标。围绕增产增收构建和完善起来的农业政策，为缓解中国农村的问题发挥了至关重要的作用。国内外学者普遍认为，土地使用权制度改革和农产品价格提高带来的农民收入增长效应，是改革开放初期贫困缓解最为主要的推动力。近些年来，国家出台的一系列强农惠农富农政策，也对农村减贫产生了积极影响，特别是免除农业税和多项农业补贴政策，直接减轻了贫困人口的税费负担，普惠了从事农业经营的农民，尤其是易于陷入贫困的人群。这些政策与开发式扶贫政策相辅相成，共同促进了中国减贫事业的发展，为全球缓解和消除贫困做出了贡献。

三、2013 年会议背景报告

中国促进农村中小企业发展的政策

中国国际扶贫中心

中国农村中小企业主要指县或县以下的企业，其前身多为乡镇企业。中国农村中小企业促进政策的发展主要经历了以下阶段：政策抑制阶段（1949—1977年）、政策允许阶段（1978—1991年）、政策鼓励阶段（1992—2002年）、政策提速阶段（2003年—至今）。

目前中国促进农村中小企业发展的政策主要涉及以下方面：1.建立相对完善的中小企业政策法规体系。2.加强中小企业的金融服务政策：商业银行建立中小企业金融服务机构；提高贷款审批效率，创新金融产品和服务方式；制订针对中小企业的财产抵押制度和贷款抵押物认定办法；鼓励民间资本参与发起设立村镇银行、小额贷款公司等股份制金融机构；E完善中小企业上市育成机制；发挥融资租赁、典当和信托等融资方式的作用；设立多层次中小企业融资担保基金和担保机构。3.扶持中小企业发展的财税政策：对中小企业实行税收优惠；对中小企业进行直接财政支出，设立相关基金；国有资本注入，通过财政出资方式成立了国有（或国有控股）的信用担保公司，主要从事中小企业贷款担保和再担保业务；土地优惠政策。4.完善中小企业服务体系建设。5.促进中小企业的技术进步与转型升级。6.促进中小企业发展的产业政策：清理对民营企业的准入条件；扶持资金对民营企业同等对待；保障民营企业参与相关产业的政策制定；支持民营企业提升创新能力；扶持科技成果产业化和市场示范应用；鼓励发展新型业态；引导民间资本设立创业投资和产业投资基金；支持民营企业利用新型金融工具融资。7.促进中小企业国际化经营的政策，启动中小企业国际市场开拓资金，推动国际化交流工作的开展。

上述政策和措施的实施促进了中小企业的快速发展，但目前中国促进农村中小企业政策还存在以下的问题：1.中小企业发展质量低，多为粗放式经营，主要依靠“高投入、高能耗、高排放”和“低成本、低价格、低利润”参与市场竞争。2.市场进入仍有不少障碍，中国的准入管制和前置审批妨碍中小企业市场进入的问题比较突出。3.企业负担仍然较重，中国税制以流转税为主体，导致盈利水平较低的小型和微型企业实际税负偏重。4.融资难问题未得到有效解决，金融体系不完善，缺少社区银行、村镇银行、小额贷款公司、担保公司和融资租赁公司等中小金融服务机构。5.中小企业服务体系不完善，网络覆盖面低、布局不合理、区域差异大、机构能力弱、服务质量低，公益性服务无法满足企业需求，商业化服务“不敢用、用不起”。

为应对上述问题，中国政府计划：1.把发展中小企业摆在更加重要的位置，将中小企业发展纳入国家和各地经济社会发展的总体战略，制定科学规划。2.继续营造有利于中小企业发展的良好环境，以转变政府职能为切入点，进一步改善中小企业发展的外部环境。3.以小型和微型企业为重点，加强财税扶持力度。4.切实缓解中小企业融资困难：放宽资本准入门槛，完善差别化监管政策，加大财税扶持力度，完善担保补贴制度和发展政策性担保机构。5.大力建设中小企业服务体系，充分发挥政府引导和市场机制的作用。6.加快中小企业技术进步和结构调整，加强共性技术研发和推广应用，促进中小企业技术进步和结构调整。7.构建和谐劳动关系。8.鼓励中小企业开展国际化经营。

四、2013 年会议背景报告

中国促进农民就业的政策与经验

中国国际扶贫中心

农民就业政策是指一个国家的政府根据自身的政治经济制度，从农村劳动力供求和社会经济发展目标出发，专门做出的一系列对农村劳动力就业状况进行指导、管理和规范的制度、法规和具体措施。中国农民就业政策的发展可分为城乡二元就业体制的形成阶段（1949—1983年），城乡分割就业体制的松动阶段（1984—1991年），统筹城乡就业体制的起步阶段（1992—2002年）和统筹城乡就业体制的完善阶段（2002年—至今）。中国是农业大国，农村人口在中国占很大的比重，目前中国农民就业主要分为两大类：农民就地就业（包括种养殖业、涉农与非农工业、涉农与非农服务业）和农民转移就业（农业内部转移就业、非农业部门转移就业、区域转移就业、城乡转移就业）。

中国目前的促进农民就业的政策有：1.《中华人民共和国就业促进法》，通过法律保障农民的就业权益。2.“一村一品”促进农民就地就业，“一村一品”是农村市场经济和社会化大生产发展的产物，是对以村为基本单元的农业和农村经济专业化、规模化发展模式的一种表述。它保障农民的决策自主权，提高了主导产品的产业化和品牌化水平，完善了主导产品的社会化服务体系，坚持产业专一化与产品多样化。发展“一村一品”经济的最终目标是为了提高农业市场竞争力、促进农民就业。3. 公共就业服务促进就业，开展公共就业服务，为农村劳动力转移就业搭建高效、优质和便捷的公共服务平台，是体现政府促进就业公益性职能的重要标志，也是推动农村劳动力转移就业重要手段和主渠道之一。4. 职业技能培训促进就业；5. 返乡创业带动转移就业，就是外出就业的农村劳动力在优惠政策的引导鼓励下返回家乡创业，在自身步入转移就业新阶段的同时，还为家乡创造了一定的就业岗位，吸纳和带动了当地农村劳动力就地就近向二三产业转移。6. 就近就业带动转移就业，通过扶持特色产业，拉动农村劳动力就地转移；通过城乡基础设施建设带动相关产业发展，为农村富余劳动力就地转移提供大量就业机会。7. 对口劳务协作带动转移就业，通过地区间的劳务协作，农村劳动力转移就业由散兵游勇式的无序转移向政府牵线搭台的有序转移转变。8. 小额担保贷款助推就业，通过提供小额担保贷款等多种方式，加大资金扶持力度，有效破解了农村劳动力转移就业资金短缺的难题，为广大农村富余劳动力转移就业开辟了广阔的天地。9. 维权保障助推转移就业，通过清理对农民工带有歧视性的政策法规，并着力推进体制改革和制度创新，逐步建立城乡统一的劳动力市场和公平竞争的就业制度，建立保障农民工合法权益的政策体系和执法监督机制等等，有效推动农村劳动力转移就业。

中国虽然已有很多政策来促进保障农民就业，但当前的促进农民就业的政策中还存在以下问题：1. 现行的经济发展战略不利于促进农民就业，对现代服务业的重视不够，对能增加农民就业的个体、微型和中小企业的扶助政策不够。2. 就业预算的不足制约了促进农民就业，国家和地方现行的财政预算，都没有与就业或人力资源服务相关的预算科目。3. 就业歧视导致农民广泛就业难以实现，中国存在性别、年龄和户籍限制等就业歧视问题。4. 有限的服务机构无法满足农民就业的需要，面对即将到来的就业高峰，各类职业服务机构的数量和增长速度都远远不能满足需要。

针对以上问题，中国在未来的就业政策应采取以下措施：1. 将经济增长模式转变到就业增长型，将就业率及其变化指标作为各级政府业绩评价的指标，县级以上人民政府通过发展经济和调整产业结构落实就业目标。2. 完善就业服务的财政预算体系，建立中央—地方分级就业预算体系，根据就业服务的内容和项目分别进行核算。3. 保证和着力促进公平就业，建立全国统一的人力资源市场，建立全国性的就业信息平台。4. 构建多层次的全国就业服务机构，明确政府在就业促进中的主导作用，建立由政府、学校、社会、企业、中介组织和个人共同参与的全社会、多层次、专业化的就业服务中心，形成中央—地方两级服务体系，加快政府机构改革。5. 提高就业援助水平，公平认定就业困难人员的范围和身份，由中央政府统一确定就业援助的条件和对象，由中央财政提供就业援助资金，避免出现地方认定标准差异导致的就业歧视问题。

五、2014年会议报告背景

中国的工业化：概述[①]

——非洲工业化的影响

经过新中国成立60多年，特别是改革开放30多年的发展，中国基本上实现了一个由一个传统农业国向现代工业国的转变。中国的工业化过程主要经历了以下三个阶段：第一阶段：1953—1978年间中国通过施行计划经济体制，实施资本密集型重工业优先发展的赶超型工业化战略；第二阶段：1979—1999年，为解决消费品不足和经济结构严重失调的问题，中国开始实行以市场为导向的工业化均衡发展战略；第三阶段：2000年至今，中国再次进入新型工业化阶段。当前，中国正处于工业化的中期阶段，虽然依靠高投资和高消耗实现了产值的高增长，中国工业化也取得了非常多的成就，但应该认识到，中国工业化同样也带来了一系列消极后果，如资源浪费严重、环境污染严重等。

① 中国农业大学，李小云。

中国从农业社会转变为工业社会，与其独特的历史、政治和社会经济条件有着密切的关系。从1949年新中国成立到1978年中国实施改革开放之前，中国政府在“以农业为基础，工业为主导”的国民经济发展总方针的指导下，开始实行农业集体化和农产品统购统销制度，使中国能够以较低的价格掌握大部分的农业剩余产品，并通过工农业产品价格“剪刀差”的方式，迅速积累起工业化所需要的资金。农业税收一度占国家财政收入的40%。改革开放之后，来自农业的劳动力和资本促进了中国轻工业的快速发展，中国相对充足的农业食品维持了人民的低成本开支，使人们可以接受较低的工业工资，中国政府高度重视农业发展，进而为国家快速工业化奠定了基础。

改革开放以来，以农村工业为主导的乡镇企业一直是中国工业化的重要组成部分，是农村劳动力就地转移的重要渠道，是中国工业“出口创汇”的重要力量，同时，在中国工业化和经济发展的过程之中，知识、科技创新与人才做出了很大的贡献。中国工业化过程之中技术、知识的创新有三个特点，第一是国家发挥主导作用；第二是依靠国外的技术引进；第三是社会激励。另外，工业化政策与工业化密不可分，中国的经济改革，并不是简单地引入市场经济体制来取代传统的计划体制，而是综合运用两种机制。例如中国的“五年计划”，就是国家实现国家现代化与工业化的一个重要战略手段，主要是对全国重大建设项目、生产力分布和国民经济重要比例关系等作出规划，为国民经济发展远景规定目标和方向。

当然，非洲不能按照中国的工业化路径来走，但是非洲可以从中国的工业化中学习经验。中国工业化成功关键在于利用政府的作用，消除每一个发展阶段的障碍，使该国的比较优势得以被利用。在这方面，非洲国家面临如何重塑政府的作用，以更好地使用特定的政治优势。大多数非洲国家都处于政治竞争中，面临低政治均衡制衡的挑战。为了基于共识的发展，必须集中资源，让工业化更好地发展。对于大多数非洲国家，因为没有发达的农业部门，使得产业不能持续。但这并不意味着存在行业发展的顺序，而是表明了以农业为基础的经济体是一个具有广泛基础的产业链，可以链接农业、工业以及服务业，这对劳动力的就业和资金流是至关重要的。非洲农业在过去十年中增长了约4-5%，但这一增长主要来自面积扩大，而非生产率的提高。鉴于非洲的人口增长率很高，非洲需要实现更高的农业增长率才能产生有意义的利润率。与此同时，全球工业化转型将为非洲工业化提供一个很好的机会。

附录四：媒体报告选编

一、2010 年媒体报告选编

中非减贫与发展会议在亚的斯亚贝巴召开①

2010年11月1日，中非减贫与发展会议在埃塞俄比亚亚的斯亚贝巴联合国会议中心召开。此次活动由中国国际扶贫中心、联合国开发计划署（UNDP）与埃塞俄比亚政府共同主办。来自非洲大陆、中国、国际组织以及私营部门的决策者、学术界精英等250多名代表出席了本次大会。联合国开发计划署署长海伦·克拉克和国务院扶贫办副主任郑文凯出席会议并致开幕词，埃塞俄比亚政府总理梅莱斯·泽纳维（Meles Zenawi）会见了中国代表团团长郑文凯副主任并在大会上作主题发言。

本次会议有望为非洲扶贫事业的突破性战略提供新的概念与方法。其主要目标如下：第一，对于非洲引人注目的新扶贫战略展开更丰富更广泛的政策研讨，并对非洲各

① 中国国际扶贫中心官网，2010-11-02。

国政府与组织以及其他开发机构正在从事的工作给予支持。第二，加深对中国减贫发展经验（以及其他南南合作经验）的理解并发起这些方面的讨论。第三，帮助非洲确立和制定减贫的新思路，包括对危机期间积累资产与保有财富的展望。第四，促进南南对话和在关键政策议题上的合作（包括农业、社会保障以及公私合作）。

本次会议旨在强调转变减贫与发展方式的重要性，讨论非洲减贫实现显著进展的紧迫性，并在此背景下吸取中国以及其他国家在减贫与发展方面的成功经验，同时考虑如何根据非洲的具体环境进行实际运用。本次会议讨论的关键主题包括：发展与转变：在非洲实现高增长；转变的经验：中国的减贫经验；解决非洲大陆的温饱问题：非洲农业是否会成为下一个崛起的力量？加强社会能力与社会凝聚力；公私合作：政府成为扩大经济机会的推动者；全球化背景下的新兴经济体以及新的发展合作伙伴关系。

国务院研究室农村司司长叶兴庆、国务院发展研究中心李善同研究员以及中国国际扶贫中心副主任黄承伟、中国国际扶贫中心高级顾问李小云教授等24名中国代表出席本次会议。

国务院扶贫办郑文凯副主任与联合国开发计划署署长海伦·克拉克举行会谈[①]

2010年11月1日上午，中非减贫发展会议开幕式前，埃塞俄比亚总理梅莱斯·泽纳维（Meles Zenawi）会见了参加会议的中国代表团团长、国务院扶贫办副主任郑文凯。

会见中，泽纳维总理表示，非洲国家应选择性地吸取中国、巴西等发展中国家的减贫和发展经验，并结合本国国情进行创造性的运用。他也指出，希望本次会议能够开展一些后续行动，以进一步推动中非减贫领域的合作。郑文凯副主任对此表示赞同。

同时参加会见的有埃塞俄比亚副总理兼外交部长Hailemariam Desalegn先生、南非国家计划部长Trevor Manuel先生、联合国开发计划署署长Helen Clark女士等。

---

① 中国国际扶贫中心官网，2010-11-11。

国务院扶贫办郑文凯副主任率团考察埃塞俄比亚减贫发展项目①

2010年11月1日下午，中非减贫发展会议期间，国务院扶贫办郑文凯副主任与联合国开发计划署署长海伦·克拉克举行会谈，就加强双方未来合作以支持非洲等发展中国家减贫进程交流了意见。我国外交部非洲司大使舒展、科技部中国农村技术开发中心主任贾敬敦、中国国际扶贫中心副主任黄承伟等参加了会谈。

郑文凯副主任指出，中国国际扶贫中心的建立是双方合作进程中的一项里程碑式事件。中心成立近6年来，在中国政府及UNDP等国际机构的支持下，开展了一系列针对非洲等发展中国家的研究、培训和交流活动，传播了中国卓有成效的减贫和发展经验，取得了良好的效果。但是，外界要想真正地理解中国经验并结合实际设计出适合本国

① 中国国际扶贫中心官网，2010-11-11。

国情的减贫政策和项目，仍需假以时日。本次中非减贫发展会议也是推动中国经验传播的一次良好契机。

海伦·克拉克署长在会谈中指出了希望与中方加强合作的若干领域，并提出可以通过“中非之窗”的合作框架更好地为非洲量身定制适合其需求的培训方案。

会议最后，克拉克署长和郑文凯副主任见证了中国国际扶贫中心与UNDP驻华代表处签署“建立中非之窗意向书”。

农村中心一行赴埃塞俄比亚参加中非减贫发展会议并进行考察[1]

11月1日至6日，应联合国开发计划署（UNDP）驻华代表处国别主任南书毕先生邀请，经部领导批准，农村中心主任贾敬敦率科技部代表团赴埃塞俄比亚出席了由埃塞俄比亚政府、UNDP和中国国际扶贫中心联合主办的“中非减贫发展会议”，并就加强在粮食安全与减贫领域的科技合作，与埃塞俄比亚政府有关部门领导进行了会谈。

召开此次会议是落实中非论坛精神的具体行动，出席此次会议的有埃塞俄比亚总理Meles Zenawi、联合国开发计划署署长Helen Clark、联合国助理秘书长兼UNDP非洲局局长Tegegnework Gettu、埃塞俄比亚财政和经济部长Sufian Ahmed、非洲开发银行行长Donald Kaberuka、非盟委员会副主席Erastus Jarnalese Onkundi Mwencha、中国国务院扶

① 科技部官网，2010-11-17。

贫办副主任郑文凯、我国外交部非洲司大使舒展以及国务院研究室、财政部、科技部、国家统计局的代表、部分国际国内的行业专家。与会各方就如何帮助非洲脱贫提出了针对性意见，并就中国发展农业及减贫模式能否帮助非洲发展等问题进行了广泛讨论。受张来武副部长的委托，贾敬敦主任代表科技部就中国在科技支持农业发展、减少贫困以及科技特派员工作作了大会发言。

会议期间，代表团与联合国开发计划署署长Helen Clark进行了会谈，就利用科技特派员机制参与非洲农业与农村发展进行了较深入的商讨，并参观了中国经营开发的埃塞俄比亚东方工业园和中埃合资共建的花卉中心。作为中国支持埃塞俄比亚经济发展的重大举措，东方工业园区由中国企业投资建设，中方将投入28亿元资金开发5平方公里的园区，发展制造业、农产品加工以及建材业。

考察期间，代表团还分别拜会了埃塞俄比亚科技部部长Desse Dalike和农业部国务部长Wondirad Mandefro。双方回顾了中埃农业合作成效，并分别围绕本国科技发展状况、科技成果转化以及科技在农业及减贫方面的应用情况进行了交流，并就未来合作重点和合作方式等达成了初步的共识。

二、2011 年媒体报告选编

中非减贫与发展研讨会在深圳大学举行①

1月9日上午，由中国国际扶贫中心和联合国开发计划署主办，深圳大学中国经济特区研究中心承办的“中非减贫与发展研讨会：中国经济特区发展与减贫”在我校国际会议厅D厅开幕。出席开幕式的领导和嘉宾有：埃塞俄比亚城市发展和建设部国务部长Hailemeskel Tefera及其他非洲国家代表，国务院扶贫办副主任郑文凯，中国国际扶贫中心副主任黄承伟、何晓军，深圳市科技工贸信委副主任刘锦，外交部非洲司参赞陆慧英，联合国开发计划署驻华代表处国别主任Christophe Bahuet，联合国开发计划署驻华代表处高级政策顾问Steven Sabey等官员，深圳大学校长章必功，深圳大学党委副书记、中国经济特区研究中心主任陶一桃，以及相关领域的专家学者和相关工作人员近百人。

开幕式上，郑文凯欢迎各位来宾的到来并表示，中国

① 华文教育网，2012-01-22。

国际扶贫中心愿意和广大发展中国家，特别是非洲国家交流探讨减贫与发展方面的经验和困难挑战，并将积极推动减贫领域的国际交流和合作，共同促进中国和非洲国家的繁荣富强。

Christophe Bahuet代表联合国开发计划署表示，联合国开发计划署和中国政府、中国扶贫办签订中非贫困减贫、扶贫发展联合协议，希望在此基础上中非两国之间可以相互借鉴扶贫减贫的成功经验和避免一些错误的教训，能够促进今后的共同发展。本次研讨会后收到的回馈也能让联合国发展署为中国或非洲等特定区域做出更好的辅助经济发展工作。

埃塞俄比亚城市发展和建设部国务部长Hailemeskel Tefera表示，在这次“经济特区与减贫脱贫研讨会”上，整个非洲大陆的各个国家都派出了代表，希望通过这一次很好的会议满足我们这种学习贵国成功经验的愿望。

章必功在致辞中回顾深圳大学的发展历史，向在场与会者展示深大的鲜明特色：年轻而有活力；拥有美丽的校园，在中国“十大美丽大学校园”的排行榜上名列前茅；规模大，南北校区计划面积达2.9平方公里；学科系统发展比较完整；学科建设方面有特色。章必功表示，通过这个会议将会促进深圳大学进一步国际化，促进深圳大学自己对经济学科建设方面的进一步充实，也希望非洲的朋友们，回国后帮助深圳大学和非洲的大学建立联系。

本次会议旨在探究非洲国家在加速经济和社会发展，减贫以及推动千年发展目标的进程中能够从哪些方面借鉴中国的经济发展和投资政策经验。中国和非洲国家将在政策、体制、公私合作和技术问题等方面进行广泛和深入的经验共享。经济特区的实施，产业发展，从规划设计到管理运行等各个环节，以及吸引民间投资所需要的监管和企业环境等方面的经验将为会议的讨论提供主要素材。研讨会将持续至13日，包括“中国经济特区的发展：国家战略与政策”、“经济特区发展国别案例”、“经济特区产业发展：先决条件、政策和绿色升级战略”等主题讨论，此外还将安排与会者到多个经济园区和高新企业实地考察并听取现场介绍。

非洲国家从中国经济特区的学习①

非洲政府官员、专家和企业家组成的代表团于周一参加了由中国国际扶贫中心主办，联合国开发计划署和深圳大学中国经济特区研究中心协办的中非减贫和发展研讨会，研讨会旨在与非洲希望建立类似特区来刺激本国经济发展的合作伙伴分享中国建设经济特区的经验。

改革开放以后中国开始了经济特区改革，1980年深圳、珠海、汕头和厦门成为第一批经济特区；1998年海南省设立经济特区，1998年上海浦东新区，2005年设立天津滨海新区和重庆两江新区。所有这些特区在我国经济转型和发展中发挥了重要作用。

国家发展和改革委员会对外经济研究所教授张燕生认为，经济特区中深圳是做得最好的。其中，毗邻香港具有区位优势。是什么推动30年前的小渔村变成在2011年国内

① 中国日报深圳分社，2012-01-11，记者黄宇俐。

生产总值达到1兆元的特大城市？

张说，中国对特区的重点已经发生了几次变化。在20世纪80年代初，中央政府试图通过提供廉价的土地和劳动力吸引制造业；1988年北京中关村科技园成立，从此国家把发展高新技术产业作为重点；到目前为止，有54个这样的国家级产业园区分布在全国各地；在1990年，政府开始全面的自由贸易区，并已增加保税贸易促进经济发展。

现在，中国的劳动力、土地、天然气等资源都变得越来越贵，张认为，过去的辉煌已经走到了一个转折点，经济增长的模式将发生变化。张认为作为发展中国家，中国应和非洲国家加强合作。

埃塞俄比亚城市发展和建设部住房开发和政府建筑局主任Amare Asgedom表示，埃塞俄比亚是一个农业和服务业占比例很大的国家，工业只占13%左右。它刚开始设立工业园区，吸引了一些中国的服装和制鞋企业。他说："我们租的土地很便宜，每平方米大约10美分。"Asgedom表示他期待着在接下来的几天参观深圳工业园区和顶尖的高科技公司，包括华为、腾讯和中兴。他说："然后我会回去告诉他们，什么才是一个工业园区"。

中非减贫研讨会在深圳举行①

据悉，昨天上午，由中国国际扶贫中心和联合国开发计划署主办、深圳大学中国经济特区研究中心承办的“中非减贫与发展研讨会：中国经济特区发展与减贫”在深圳大学国际会议厅开幕。埃塞俄比亚城市发展和建设部国务部长Hailemeskel Tefera及非洲各国代表60余人聚集一堂共同研讨。

据了解，本次会议旨在探究非洲国家在加速经济和社会发展、减贫进程中能够从哪些方面借鉴中国的经济发展和投资政策经验。研讨会将持续至13日。

出席开幕式的还有国务院扶贫办副主任郑文凯、中国国际扶贫中心副主任黄承伟、何晓军等。

---

① 中国广播网，2012-01-10，记者金涛 .

三、2012 年新闻报道选编

中非减贫与发展会议在坦桑尼亚举行①

2012年07月29日，据新华网，达累斯萨拉姆报道，第三届“中非减贫与发展会议”28日在坦桑尼亚举行，此次为期一天的会议以“农业现代化与减贫”为主题，吸引了来自非洲多国、国际组织与学术机构120多名代表参加。

坦桑尼亚总统基奎特在开幕致词中说，这次会议的举办“恰逢其时”，尤其是在中非合作论坛第五届部长级会议刚结束之际，对于落实会议的决定和举措具有重要意义。他说，撒哈拉以南非洲地区70%以上的人口都生活在农村地区，依靠传统农业方式耕作，生产力和产量低下，导致贫困和粮食安全问题突出，因此非洲必须实现农业现代化，而且刻不容缓，非洲各国对此也都有强烈的政治意愿和准备。

基奎特强调，为实现这一目标，坦桑需要与中国合作，借鉴中国积累的大量减贫和发展经验，而中国也具备帮助

① 新华网，2012-07-29，记者田野、张平。

非洲实现农业转型，改进非洲农业基础设施，协助非洲进行农业研发，并开展人员培训的能力与意愿。

他说："中国有13亿人口，是非洲农产品的重要潜在市场，中国的私营部门可以与坦桑合作建立加工制造企业，坦桑希望通过中非合作论坛进入中国市场。"

中国国务院扶贫开发领导小组副组长、办公室主任范小建表示，中国与非洲国家同处在发展中阶段，促进发展、消除贫困是双方共同的奋斗目标。长期以来，中国和非洲各国积极探索国家繁荣富强、人民幸福安康的发展道路，在促进增长，加快减贫进程，推动社会进步等方面取得了显著成效。他说，农业和农村发展是实现增长和减贫的重要基础。这次会议针对提高农业政策制定能力和水平、农业基础设施建设、农业技术研究推广，推动通过农业现代化实现减贫，对促进非洲和中国的农业增长和农村发展，将具有十分积极的现实意义。

本届"中非减贫与发展会议"由中国国际扶贫中心和坦桑尼亚总统府计划委员会共同举办，旨在分享中非农业发展经验，并探讨如何通过农业现代化以及发展合作促进减贫。会议探讨了中国农业政策的制订及非洲农业发展政策分析，并分两个分会讨论了"农业基础设施建设、农业技术研究推广在推动农业现代化中的作用"和"农业产业链和农民的组织化在推动农业现代化中的作用"。

中非减贫与发展会议在坦桑尼亚举行[1]

国际在线消息：第三届“中非减贫与发展会议”28日在坦桑尼亚举行，此次为期一天的会议以“农业现代化与减贫”为主题，吸引了来自非洲多国、国际组织与学术机构120多名代表参加。

坦桑尼亚总统基奎特在开幕致词中说，非洲必须实现农业现代化，而且刻不容缓，非洲各国对此也都有强烈的政治意愿和准备。为实现这一目标，坦桑需要与中国合作，借鉴中国积累的大量减贫和发展经验，而中国也具备帮助非洲实现农业转型，改进非洲农业基础设施，协助非洲进行农业研发，并开展人员培训的能力与意愿。

中国国务院扶贫开发领导小组副组长范小建表示，这次会议针对提高农业政策制定能力和水平、农业基础设施建设、农业技术研究推广，推动通过农业现代化实现减贫，

① 国际在线，2012-07-29，记者李严。

对促进非洲和中国的农业增长和农村发展，将具有十分积极的现实意义。

中非减贫与发展会议在达累斯萨拉姆举行[①]

——减贫合作深入非洲农村社区

中非减贫与发展会议28日在坦桑尼亚达累斯萨拉姆举行，坦桑尼亚共和国总统基奎特出席并致辞。来自中国和坦桑尼亚、加纳、肯尼亚、厄立特里亚、毛里求斯、乌干达、塞拉利昂、毛里塔尼亚等国的政府官员、学者，非盟、东南部非洲地区的高级代表，联合国开发计划署、世界银行、英国国际发展部等机构的代表，围绕“农业现代化与减贫”这一主题，就如何进一步分享减贫经验，密切中非合作进行深入探讨。

此次会议期间，中国与坦桑两国代表都提到中国国际扶贫中心在佩雅佩雅村的村级减贫学习中心项目。

佩雅佩雅村位于达累斯萨拉姆以西300多公里的莫罗戈罗省基罗萨县鲁代瓦乡，是坦桑尼亚一个有代表性的贫困

---

① 《人民日报》，2012-07-30，记者蒋安全、张建波。

村。中国国际扶贫中心副主任何晓军介绍说，中国在村级实现减贫的重要经验之一是，在村一级具有很强的领导和组织动员能力，村民高度参与经济活动。这个项目就是将中国经验与坦桑尼亚农村实际相结合的一个试点。

中非农业投资有限责任公司坦桑尼亚公司剑麻农场常务副场长汪路生亲历了佩雅佩雅村村级减贫学习中心项目揭牌仪式。他说，中国扶贫代表团在那里受到了热烈欢迎，政府部长、省长、县长、乡长都来到了现场。莫罗戈罗省省长称赞该项目是当年毛泽东主席与尼雷尔总统结成的传统中坦友谊的传承与发扬。

中国农业部农村经济研究中心副主任赵长保认为，中国农村扶贫开发是农业农村政策的重要组成部分，扶贫开发工作推动了中国农业政策的发展和完善。非洲国家要想分享消化中国经验，需要佩雅佩雅村这样的基层实践。

四、2013年新闻报道选编

中国经验助力非洲减贫[1]

中国国际扶贫中心副主任黄承伟在第四届中非减贫与发展会议上表示，中非开展减贫合作是发展中非关系的重要平台。中国愿意积极推动中非减贫交流，促进减贫知识和经验的国际共享。

作为最早提前实现联合国千年发展目标中“贫困人口减半”的发展中国家，中国在30多年的减贫进程中积累了丰富的经验。在非洲，得益于经济发展的强劲势头，贫困人口已经有所减少，但总体而言，减贫事业仍然任重道远。

黄承伟说，占全世界三分之一人口的中国和非洲开展减贫合作，不仅对全球减贫事业具有重要意义，也有利于中非构建和谐世界。“中国乐意分享30多年累积的丰富扶贫经验，为非洲国家提供借鉴。针对非洲国家的情况与需求，实现中国减贫经验在非洲的本土化。”

① 新华网，2013-07-10，记者梁云芳。

博茨瓦纳副总统办公室常务秘书约翰·莫提比在会议上指出，非洲的经济增长尚未给最贫困人口的生活带来具体改善。非洲在城镇化水平、年轻人失业、食品安全等方面面临严重挑战。

他认为，良好的政府管理是中国取得巨大减贫成就的重要原因。非洲国家愿意和中国开展深入对话和交流，吸取“减贫先锋”的经验。

在2012年召开的中非合作论坛第五届部长级会议上，中国宣布向非洲提供200亿美元贷款额度。莫提比认为，这笔资金无疑将促进非洲的减贫事业发展。他们将和中国探讨研究如何制定有效的战略和规划，提高资金使用效率。

联合国开发计划署驻华代表处副国别主任何佩德说，联合国开发计划署一直与中国紧密合作，致力于促进南南合作。他承诺继续支持并推动中非之间的友好合作，为区域和全球可持续发展做出贡献。

为期三天半的第四届中非减贫与发展会议于7月9日在杭州开幕，吸引了70余名来自中国和15个非洲国家的官员、学者、企业代表及国际机构代表。

第四届中非减贫与发展会议在杭州召开[①]

7月9日，第四届中非减贫与发展会议在浙江杭州开幕。

中国摆脱贫困的重要经验是通过发展中小企业促进就业。这一经验在浙江得到最充分的表现，至今，浙江农民人均收入已经连续28年蝉联全国省区第一，浙江也是全国第一个摘除贫困县帽子的省份。

围绕如何发展中小企业促进产业结构调整，增加地方就业，改善人民生活，提升经济社会发展总体水平等一系列问题，中非双方进行了深入交流。

“中非减贫与发展会议”由中国国际扶贫中心与联合国开发计划署联合发起，旨在推动双方在减贫与发展方面的交流与合作。自2010年起，已先后在埃塞俄比亚首都亚的斯亚贝巴、中国深圳、坦桑尼亚首都达累斯萨拉姆连续举

① 《农民日报》，2013-07-11，记者蒋文龙。

办3届。本次会议由浙江省扶贫办、浙江大学联合承办。来自中国和非洲15个国家的政府、大学、企业以及联合国开发计划署、世界银行等国际机构的70余名代表参加了会议。

中非商会出席“第四届中非减贫与发展会议”①

2013年7月9日，由中国国际扶贫中心与联合国开发计划署（UNDP）联合主办的第四届中非减贫与发展会议在浙江杭州开幕。来自中国和非洲15个国家的政府、大学、企业以及联合国开发计划署、世界银行等国际机构的70余名代表，将在三天半的时间内，就促进就业与可持续发展进行研讨与实地考察。中非民间商会秘书长王晓勇应UNDP邀请出席会议，并主持了7月10日下午非洲官员与浙江企业家的交流座谈。

联合国开发计划署驻华代表处副国别主任何佩德代表联合国开发计划署在开幕式上致辞。他指出：“中国和一些非洲国家不仅认识到了发展中小企业与促进就业、削减贫困之间的重要关系，并且因此采取了切实行动。”同时他承

① 国际在线，2013-07-29，记者李金超。

诺，联合国开发计划署愿意支持并推动中非之间的友好合作，从而为区域和全球可持续发展做出贡献。

7月10日下午，商会秘书长王晓勇参加主持了非洲官员与浙江企业家的座谈。座谈会上，加纳产业协会执行秘书Seth Twum Akwaboah先生、肯尼亚国家财政部外资处经济学家Fredrick Mutungaa先生、中非经济共同体财政部外资处经济学家Fredrick Mutungaa先生、尼日利亚中小企业发展署副主任Jules Touka先生、加纳国家小企业发展局执行主任Abdul Rahim Lukman先生介绍了本国和非洲的情况；来自浙江的企业家南部非洲浙商商会会长李家鼎、浙江合大太阳能有限公司总经理候生中就浙商创业发展、开展非洲贸易投资的经验做了发言。座谈会围绕如何发展中小企业促进产业结构调整，增加地方就业，改善民生民态，提升经济社会发展总体水平等一系列问题进行了互动交流。大家一致认为：发展的非洲为中国企业提供了更多的商业机会；浙江企业创业发展的经验对于非洲国家促进中小企业的成长很有价值，应该借鉴；先贸易后投资的模式有助于中国企业进入非洲，也利于避免中国企业到非洲当地水土不服。交流中，大家谈到，非洲工人对待加班的态度和中国国内不一样，但中国企业不应一味要求非洲员工增加工作时间、提升工作效率，从某种意义上讲，中国速度要尊重非洲节奏！中国企业在非洲拥有良好发展空间和经营前景的前提，是需要充分了解、尊重非洲当地的文化与习俗。

五、2014年新闻报道选编

第五届中非减贫与发展会议在亚的斯亚贝巴成功举办[①]

2014年11月18-20日，第五届中非减贫与发展会议在埃塞俄比亚首都亚的斯亚贝巴成功举办。200余名来自非洲和中国的政府官员、学者专家、企业家、非政府组织代表以及国际/区域组织代表就“工业发展：来自中国和非洲的跨区域视角”进行讨论，并考察了埃塞俄比亚东方工业园。与会代表一致呼吁应加强中国与非洲国家的减贫交流与合作。

本次会议由埃塞俄比亚政府（工业部）、非洲联盟委员会、中国国际扶贫中心及联合国开发计划署联合举办。埃塞俄比亚总统穆拉图·特肖梅先生（H.E.Dr. Mulatu Teshome），中国国务院扶贫办党组成员、行政人事司司长司树杰，非盟委员会贸易工业委员法蒂玛·阿塞尔女士

① 中国国际扶贫中心官网，2014-11-20。

（H.E.Ms.Fatima Haram Acyl）、中国驻埃塞俄比亚大使解晓岩，联合国驻埃塞协调员尤金·奥乌苏先生（Mr. Eugene Owusu）出席会议开幕式并致辞。北京大学国家发展研究院院长、世界银行前高级副行长兼首席经济学家林毅夫先生以“中国的崛起与非洲结构转型的机遇”为题作了主旨演讲。

埃塞俄比亚穆拉图总统在致辞中指出：“学习中国工业发展的成功经验至关重要，因为我们无法想象只通过非洲自身的技术路径就能将非洲建设成为统一、繁荣的工业化大陆并实现非洲梦。”

非盟委员会法蒂玛贸工委员也表示，中国工业化的成功富有启迪性，非洲希望合理利用中非之间良好的伙伴关系来学习中国经验。她特别指出：“十年树木，百年树人”，希望中国国际扶贫中心能为非洲国家提供能力建设培训。

中国驻埃塞俄比亚大使解晓岩提出：非洲在经济发展与减贫领域虽也取得进展，但其速度和成效尚不足以如期实现千年发展目标。中国与非洲面临同样的目标，愿意与非洲国家分享自身工业发展经验以加速非洲减贫进程。

中国国务院扶贫办司树杰司长在致辞中指出：此次会议是落实2014年5月李克强总理访问非盟期间发表的《中国和非洲联盟加强中非减贫合作纲要》的具体行动，愿以此次会议为契机，继续加强中非减贫交流与合作，分享经验和教训，共同推进千年发展目标以及2015年后发展进程。

会议还发布了由中国国际扶贫中心资助的《中国工业化综述：对非启示》的背景报告以及中非经济特区比较研究成果，在总结中国工业化推动因素及经验教训的同时，为非洲工业化提供借鉴。

China, Africa to deepen cooperation on poverty alleviation[1]

ADDIS ABABA, Nov. 18 (Xinhua) — Officials and experts from China and Africa met on Tuesday at the African Union (AU) Headquarters in Addis Ababa, Ethiopia, for the China-Africa Poverty Reduction and Development Conference.

Officials at the opening of the Conference highlighted that Africa draws lesson from China's success story on poverty reduction through industrial development. The three-day Conference focuses on "Industrial Development: Cross-Perspectives from Africa and China", and expected to discuss strategies and polices as well as to share knowledge and exchange experience between China and Africa on poverty reduction and development.

---

① Xinhua News 19 November 2014

Eugen Owusu, UN Development Program Resident Representative in Ethiopia, noted that China has managed to lift millions of its citizens out of poverty in a short period of time.Africa can benefit from China's experience by using its collective institutions such as the African Union, said Owusu. Officially opening the Conference, Ethiopia's President Mulatu Teshome said "benchmarking China's experience of rapid industrialization will have significant positive impact should Africa emulate." "China and Africa are sincere friends and China's support will greatly enable Africa to accelerate its rapidly growing economy," said the President. "The role of China in human development, infrastructure connectivity and technology transfer is quite significant and China's investment in Africa is growing from time to time and we are thankful to China's unwavering support for Africa's economic development," he said. Si Shujie, Chinese Vice Minister of the State of Council Leading Group office of Poverty Alleviation and Development (LGOP), underlined that the conference facilitates the communications and the cooperation between China and Africa on inclusive development and poverty alleviation.

The Conference will specifically look into three areas under this theme: scenario analysis of challenges and opportunities for Africa's industrial development in an increasingly integrated and globalized economy building on regional and global value chains; experience from rapidly industrializing countries in both Africa and Asia to unleash industrial growth for equitable, sustainable and inclusive growth; and developing robust public-private partnerships to promote innovation and technology transfer for sustainable economic and social transformation in Africa.

Africa: Countries in Africa and China Renew Their Joint Commitment to Eliminate Poverty[1]

The Africa-China Poverty reduction and Development Conference concluded on Wednesday (November 19) with African and Chinese officials today calling for a deepening of the partnership between the two partners. Co-hosted by the Government of Ethiopia, the African Union Commission, the International Poverty Reduction Centre in China and the United Nations Development Program, the conference explored the current state of development work in Africa and identified key areas for joint initiatives.

The conference was attended by around 200 participants, including government officials from African countries and

① 全非网 /All Africa website, 19 November 2014.

China, as well as experts and scholars from the private sector, civil society and international organizations. Under the theme of "Industrial Development: Cross-Perspectives from Africa and China", it focused on the future of Africa's development with an emphasis on how to balance industrialization with inclusive growth.

Ms Fatima Haram Acyl, the AU Commissioner for the Department of Trade and Industry of the African Union Commission, said reaching an acceptable level of socio-economic development and industrialization required hard work, sacrifices and pro-industrialization policies. She said the success of China was inspiring, Ethiopia President Dr Mulatu Teshome said benchmarking China's best practices in industrialization was essential, adding that it was "almost unthinkable to realize the African dream of becoming an industrialized, united and prosperous continent by 2063 only through Africa's own technology generation." Eugene Owusu, UN Resident Coordinator and UNDP Resident Representative in Ethiopia, said "In seeking to drive industrial growth, we need strong partnerships. Such South-South co-operation can bring new opportunities for exchange and learning, financing, investment, trade, and also industrial development."

A report on "China's Industrialization: Overview-Implications for Africa's Industrialization" and a comparative study on Special Economic Zones in China and African countries were presented at the conference, The conference was one of the concrete steps to implement the Program for Strengthening Cooperation on Poverty Reduction between the People's Republic of China and the African Union announced during Chinese Premier Li Keqiang's visit to AU in May. Outcomes of this conference will be fed into preparations for the next FOCAC in South Africa in 2015.

China, Africa officials met to deepen relation for Africa's industrial development[①]

"The Conference is one of the concrete steps to implement the Program for Strengthening Cooperation on Poverty Reduction between the People's Republic of China and the African Union which was released during Chinese Premier Li Keqiang's visit to AU in May this year", noted Mr Si Shujie, Vice Minister of the China State Council Leading Group Office of Poverty Alleviation and Development, " to boost experience sharing and collaborations on poverty eradication between China and Africa is thus of mutual concern & benefit especially critical for efforts to attain the MDGs and post-2015 agendas."

"Well-crafted industrial development which supports

① 埃塞新商业 /New Business Ethiopia, 19 November 2014.

inclusive growth and considers the environment will play a critical role in making transformation sustainable over the long-term", said Eugene Owusu, UN Resident Coordinator and UNDP Resident Representative in Ethiopia, "In seeking to drive industrial growth, we need strong partnerships. Such South-South co-operation can bring new opportunities for exchange and learning, financing, investment, trade, and also industrial development."

With the theme of "Industrial Development: Cross-Perspectives from Africa and China", the conference focused on the future of Africa's development with an emphasis on how to balance industrialization with inclusive growth.

Understanding that growth doesn't necessarily translate into inclusive development, the conference looked into three main areas: analysis of challenges and opportunities, development of robust public-private partnerships and experience sharing from other industrializing countries in both Africa and Asia.

Poverty reduction has become a priority area of Africa-China cooperation as pointed out by Premier Li Keqiang during his visit in May 2014. Outcomes of this conference will be rolled out the follow-up initiatives and will also be fed into preparations for the next FOCAC in South Africa in 2015.

Continuing initiatives in partnership between AUC, IPRCC and UNDP will strengthen cooperation between China and African nations and the South-South experience-sharing between China and Africa to bolster African growth underpinned by poverty reduction.

Co-hosted by the Government of Ethiopia, the African Union Commission, the International Poverty Reduction Centre in China and the United Nations Development Programme (UNDP), the conference explored the current state of development work in Africa and identified key areas for joint initiatives.

The two days conference opened on Tuesday (November 18, 2014) was attended by around 200 participants, including government officials from African countries and China, diplomatic communities in Addis, as well as renowned experts and scholars and those from the private sector, civil society and international organizations.

除以上列举的国内外媒体会议报道外，还有央视新闻/CCTV news、中国网/China.org、新浪英文/Sina、上海日报/Shanghai Daily、苏州评论/Suzhou Review、非盟网站/AU website、亚的斯亚贝巴在线/Addisababaonline、WIC、非洲评论/Africa Review、非洲论坛网/ Aigaforum.com、埃塞探索者网/EthioExplorer.com、埃塞外交部/Ministry of Foreign Affairs、欧洲发展政策管理中心/ECDPM等多家媒体对会议进行了相关报道。

图书在版编目(CIP)数据

中非减贫发展会议五年成果综述. 全2册 / 中国国际扶贫中心主编.
—北京：世界知识出版社，2017.1
书名原文：Africa–China Poverty Reduction and Development Conference
ISBN 978-7-5012-5409-5

Ⅰ.①中… Ⅱ.①中… Ⅲ.①扶贫—国际合作—中国、非洲—文集 Ⅳ.①F125.4 ②F140.54
中国版本图书馆CIP数据核字（2016）第324522号

责任编辑	张迎辉
责任出版	赵 玥
责任校对	马莉娜
书　　名	**中非减贫发展会议五年成果综述. 全2册** Summary Report on China-Africa Poverty Reduction and Development Conference
主　　编	中国国际扶贫中心
出版发行	世界知识出版社
地址邮编	北京市东城区干面胡同51号（100010）
网　　址	www.ishizhi.cn
电　　话	010-65265923（发行） 010-85119023（邮购）
经　　销	新华书店
印　　刷	北京艺堂印刷有限公司
开本印张	880×1230毫米 1/32 10½印张
字　　数	240千字
版次印次	2017年1月第一版 2017年1月第一次印刷
标准书号	ISBN 978-7-5012-5409-5
定　　价	75.00元（全2册）